중급 문법, 전체의 윤곽이 한 눈에 보인다!

중급 일본어문법
Point 요점정리 20

友松悦子・和栗雅子 저

시사일본어사

🍀 본서의 대상

본서는 일본어 초급 학습을 마치고 중급 레벨의 학습을 시작한지 얼마 안 된 학습자, 현재 중급 레벨의 학습을 중반 정도까지 진행하고 있는 학습자, 중급 레벨은 일단 마친 학습자 등이 중급문법 관련의 학습항목을 전체적으로 학습할 수 있도록 만들어졌습니다. 중급 레벨의 학습은 깊은 내용을 담고 있으므로, 어떤 것을 어떻게 학습하면 좋을지 모르는 채, 문형을 계속 외우는 것으로 마치는 것을 종종 보았습니다. 그런 학습 방법 보다 중급 문법의 중요한 학습 포인트를 전체적으로 파악하고, 초급 학습과 연관 시키면서 학습 하는 것이 효과적이라고 생각해서 본 책을 만들게 되었습니다.

🍀 본서의 목적

본서는 初級日本語文法まとめポイント20 의 자매편입니다. 일본어라는 것은 이런 것에 주의하면서 학습하는 것이 좋다라는 것을 어느 정도 알게 되면 학습하기 쉽지 않을까라는 생각으로 초급 학습항목을 정리해서 작성한 것이 初級日本語文法まとめポイント20 입니다. 본서의 목적도 자매편과 같습니다. 중급 레벨의 중요 학습항목의 윤곽을 보여줌으로써 효율적인 학습을 할 수 있으면 좋겠다고 생각합니다.

🍀 본서의 구성

중요 포인트를 20개의 항목으로 나눠서 차례차례로 진행하도록 나열하였습니다. 처음에는 조사 등 구조의 면부터 학습하고, 중급의 큰 축이 되는 복문의 연습, 나(화자)의 기분을 전하는 여러가지 표현의 학습, 사회생활에 융화되기 위한 운용면에서의 학습으로 진행됩니다. 각 과는 처음에 START TEST 가 있어, 먼저 자신의 실력을 확인 해 볼 수 있습니다. 다음에 그 과에서 학습하는 포인트의 설명이나 예문이 있고, 그 뒤에 학습한 것을 확인하기 위한 연습문제가 이어집니다.(문형 연습문제에 대해서는 올바른 문장을 만들기 위한 주의사항이 별책 해답에 첨가되어 있습니다.)
각 과의 마지막에는, 정리된 문장 속에서의 사용법을 생각하는 연습문제를 추가하였습니다.

🍀 어휘와 번역에 대해

중요 설명부분은 한국어 번역을 달아 알기 쉽게 해 두었습니다. 또한, 학습자를 위한 한국어 번역이 필요하다고 생각되는 부분에는 번역을 붙이고, 중급이상의 한자에는 읽는 법을 달아 두었습니다.

중급레벨의 문법학습은 초급에서 학습한 것을 더욱 견고하게 하는 것과 같은 것입니다. 자매편의 初級日本語文法まとめポイント20 의 학습이 본서에 의해 더욱 향상된다면 저자로서 더한 기쁨은 없습니다.

자매편과 같이 佐野智子씨에게는 기획단계부터 전체 구성 학습자가 알기 쉽게 하기 위한 연구, 설명사항의 내용에 이르기까지 많은 아이디어를 받았습니다. 또한 원고를 젊은 사람의 관점에서 체크하고, 어휘나 표기 등에 대해서도 알기 쉽게 하기 위한 지적을 해 주신 田中綾子씨께 진심으로 감사합니다.

저자

본서의 학습 항목의 색인은 book.japansisa.com 에서 다운로드 받으실 수 있습니다.

접속의 방법

문장을 만들 때는 각각의 문형에 대해 접속의 형태를 정리하지 않으면 안됩니다.
이것도 중급 레벨의 학습 포인트 입니다.

접속의 형태 범례

品詞	接続する形	例
動詞	動詞ない形	見ない　＋うちに（9課）
	動詞（ない）	話さ　＋ざるをえない（13課）
	動詞（ます）	わかり　＋次第（9課）
	動詞辞書形	探す　＋までだ（13課）
	動詞う・よう形	がんばろう　＋ではないか（14課）
	動詞て形	見て　＋はいられない（13課）
	動詞た形	行った　＋ものだ（14課）
	動詞ている形	している　＋最中に（9課）
イ形容詞	イ形容詞い	熱い　＋うちに（9課）
	イ形容詞くて	痛くて　＋しかたがない（13課）
ナ形容詞	ナ形容詞な	大丈夫な　＋わけがない（12課）
	ナ形容詞で	心配で　＋ならない（13課）
その他	普通形	人間だ・人間である・お金がない など＋からといって（10課）
	する動詞の名詞	（発展する）　発展　＋につれて（11課）

> **예1** 普通計（ナ形容詞な／である　名詞／である）＋わけがない

보통형에 접속합니다. 단,
「ナ形容詞だ（きれいだ）」가 아닌,「ナ形容詞な（きれいな）」의 형태로 접속합니다.
　→ 彼の部屋がきれいなわけがない。

또는,「ナ形容詞である（複雑である）」의 형태로 접속합니다.
→ 説明書が複雑であるわけがない。

「名詞だ（社長だ）」가 아닌,「名詞の（社長の）」의 형태로 접속합니다.
→ 彼が社長のわけがない。

또는,「名詞である（経済大国である）」의 형태로 접속합니다.
→ わたしの国は経済大国であるわけがない。

> 예2 名詞の、普通計（ナ形容詞な　名詞である）＋おかげで

접속「名詞の（先生の）」에 접속하고, 복문（複文）은 되지 않습니다.
→ 先生のおかげで合格しました。

보통형에 접속합니다. 단,
「ナ形容詞だ（元気だ）」가 아닌,「ナ形容詞な（元気な）」의 형태로 접속합니다.
→ 母が元気なおかげで、わたしは安心して仕事を続けられる。

「名詞だ（教師だ）」가 아닌,「名詞である（教師である）」의 형태로 접속합니다.
→ 母が教師であるおかげで、わたしは勉強のしかたがわかる。

▶ 본서에서는 많이 사용하지 않는 접속 방법은 실지 않았습니다.

CONTENS 目次

머리말 3
접속의 방법 4

1課 여러 기능을 하는 조사　いろいろな働きをする助詞　8

2課 화제 내세우기　話題の取り立て　18

3課 조사의 기능을 하는 말 1　助詞の働きをする言葉 1　24

4課 조사의 기능을 하는 말 2　助詞の働きをする言葉 2　33

5課 조사의 기능을 하는 말 3　助詞の働きをする言葉 3　41

6課 명사화 방법　「こと」와「の」名詞化の方法「こと」と「の」　49

7課 복문구조 – 복문 안의「は」와「が」・시제 –
　　複文構造　—複文の中の「は」と「が」・時制—　62

8課 명사수식　名詞修飾　69

9課 복문을 만드는 말 1 – 시간 –　複文を作る言葉 1 —時間—　78

10課 복문을 만드는 말 2 – 가정의 표현・역접의 표현 –　88
　　複文を作る言葉 2 —仮定の言い方・逆接の言い方—

11課 복문을 만드는 말 3 – 원인・이유를 나타내는 말・상관관계를 나타내는 말　97
　　—複文を作る言葉 3 — 原因・理由を表す言葉・相関関係を表す言葉—

12課	부정의 표현　否定の言い方 **107**
13課	나로부터의 발신 1 －감각·강한 느낌·불가능한 판단－ **115** わたしからの発信1　－感覚·強い気持ち·不可能判断－
14課	나로부터의 발신 2 －말하는 사람의 추측·소원·감탄·제안－ **123** わたしからの発信2　－話者の推量·願望·感嘆·提案－
15課	정해진 사용법의 부사　決まった使い方の副詞 **132**
16課	접속의 말　接続の言葉 **145**
17課	어휘를 넓히다　語彙を広げる **157**
18課	딱딱한 문장　硬い文章 **163**
19課	정중한 표현　ていねいな言い方 **172**
20課	회화·문장의 결말　会話·文章のまとまり **185**
コラム	「のです·んです·のだ·んだ」のいろいろ **61** 「する」のいろいろ **77** 「する」と「なる」 **106** 会話でよく使われる終助詞 **131** 感情·呼びかけ·応答などに使われる言葉 **156** どちらの立場で？ **198**
별책	해답·해설 **1** 어휘 **27**

1課 여러 기능을 하는 조사 いろいろな働きをする助詞

초급에서 학습했던 「が　へ　を　で　に　から　まで」 등은 문장구성에 관여하는 중요한 조사입니다. 그 외 조사에는 말하는 사람의 기분이나 뉘앙스를 나타낼 수 있는 것이 있습니다. 중급에서는 이런 여러 기능을 하는 조사를 학습합니다.

STARTING TEST スタートテスト

 다음 중 알맞은 것을 고르세요.

❶ 今では、インターネットで遠い国のこと {a しか　b まで} すぐにわかる。

❷ お正月 {a ぐらい　b ばかり} ゆっくり休みたい。

❸ 山田さんはわたしが困ったときいつも助けてくれる。山田さん {a こそ　b まで} 本当の友だちだ。

❹ 田中さんは作家だ。ペンと紙 {a こそ　b さえ} あれば、どこででも仕事ができる。

❺ 兄は物を作るのが好きだ。テーブルや椅子 {a こそ　b まで} 自分で作る。

❻ 甘いもの {a でも　b ばかり} 食べていると太ってしまう。

❼ きょうは一日中忙しくて、昼は30分 {a まで　b しか} 休めなかった。

❽ きのうは8時間歩いた。きょうは足が痛くて立つこと {a でも　b も} できない。

❾ あの人とは別れたい。あの人の顔 {a なんか　b まで} もう見たくない。

❿ ちょっと休んで、お茶 {a でも　b ばかり} 飲みませんか。

POINT ポイント1

▶ 한정의 의미를 더하는 조사

조사	의미	예문
だけ	限定を表す 한정을 나타낸다	どうしても納豆だけは食べられない。 毎朝20分歩くだけの軽い運動をしている。 母にだけは本当のことを言おう。
ばかり	同じもの、同じことが多い 같은 것, 같은 것이 많은 マイナスイメージ 마이너스 이미지	母はいつも安いものばかり買う。 このごろわたしは失敗ばかりしている。 山田さんは授業中寝てばかりいる。
さえ	必要十分条件 필요충분조건 （さえ〜ば/なら）	雨さえ降らなければ、スポーツ大会は行われる。 君さえよければ、ぼくはずっと君のそばにいるよ。 年をとっても、体さえ丈夫なら心配はいらない。
しか	ほかにない、と強調する 다른 것은 없다고 강조한다 （しか〜ない）	ぼくの気持ちをわかってくれる人は君しかいない。 この病気を治す方法は手術しかないらしい。 だれも手伝ってくれない。一人でがんばるしかない。

問題 1-1 ▭에서 가장 적절한 것을 골라 _____ 위에 쓰세요. (하나의 단어를 두 번 이상 쓸 수 있습니다.)

　　　　　　　だけ　　ばかり　　さえ　　しか

❶ 父は暇_____あればゴルフをやっている。
❷ 今、冷蔵庫には卵_____入っていない。この卵で料理を作ろう。
❸ 他人の悪口_____言うな。
❹ この高校に入れるのは女子_____です。
❺ 今は買わないで見る_____よ。いいのがあったら後で買いましょう。
❻ 彼の言うことはうそ_____だ。

❼ わたしは彼の子ども時代＿＿＿＿＿＿知らない。彼が 5 歳のときから会っていない。

❽ 天気＿＿＿＿＿＿よければ、毎週ハイキングに行きたい。

❾ どうしたの？　泣いて＿＿＿＿＿＿いないで、ちゃんと話してよ。

❿ きのうの試験で 100 点をとったのはクラスで田中君一人＿＿＿＿＿＿だった。

問題　1-2 다음 중 알맞은 것을 고르세요.

❶ 行ったことがある国？ { a タイとアメリカ　　b いろいろな国々 } だけです。

❷ 花子は辛いものばかり { a 食べる　　b 食べない }。甘いものは好きではないらしい。

❸ この仕事は時間さえ { a あれば　　b あると } できる。

❹ たくさんの歯ブラシが置いてありますが、ほかの人のものを使わないでくださいよ。自分のものしか { a 使ってくださいよ　　b 使ってはいけませんよ }。

POINT ポイント2

▶ 강조, 정도가 심하다는 느낌을 나타내는 조사

조사	의미	예문
も	多いという気持ち 많다는 느낌	え、お宅には猫が8匹もいるんですか。 会社まで毎日2時間もかかる。 たばこを一日20本も？ 吸いすぎですよ。
も	普通ではない程度 (それより程度が 高い(低い)もの・ ことはもちろんと いう気持ち) 보통이 아닌 정도 (더 정도가 높은(낮은) 것・일은 물론이라는 느낌)	林さんはエベレスト山にも登ったことがあるそうだ。 きのうは疲れて起き上がることもできなかった。 きょうは忙しくて昼ご飯を食べる時間もなかった。
だけ	程度が大きい 정도가 심하다	わたしがあれだけ注意したのに、彼はスピード違反を してしまった。 これだけ努力したんだから、きっといい結果が出るよ。 わたしがどれだけ謝れば彼は許してくれるのか。
だけ	範囲いっぱい 최대한	<試験の後で>やれるだけやった。後は結果を待とう。 ここにある果物、ほしいだけどうぞ。 きょうは好きなものを食べたいだけ食べてもいいよ。
こそ	肯定的な気持ちで 強調する 긍정적인 느낌으로 강조한다	A：いつもお世話になります。 B：いえ、こちらこそ。 今年こそたばこをやめるぞ。 あなたのことが心配だからこそ、うるさく注意するんですよ。
まで	同じ種類のものが さらに加わる 같은 종류의 것이 더해진다	風が強くなった。雨まで降ってきた。 ごちそうになった上におみやげまでいただいた。 きょうは休んだ人の分まで仕事をさせられて、疲れた。
まで	極端な範囲にま でおよんだとい う気持ち 극단적인 범위까지 이르렀다는 느낌	母までぼくの言葉をうたがっているようだ。 借金までして車を買ったのに事故を起こしてしまった。 父は90歳だがとても元気だ。登山までする。

さえ	極端な例をあげて、予想外で普通ではない程度だと強調する(それより程度が高い(低い)もの・ことはもちろんという気持ち) 극단적인 예를 들어서 예상외로 보통이 아닌 정도라고 강조한다(더 정도가 높은 (낮은)것·일은 물론이라는 느낌)	このごろは忙しくて日曜日さえ休めない。 まだひらがなさえ読めない子が英語を勉強している。 最近は子どもでさえケータイを持っている。

問題 2-1 ▨▨▨ 에서 가장 적절한 것을 골라 _____ 위에 쓰세요.(하나의 단어를 두 번 이상 쓸 수 있습니다.)

> だけ　　こそ　　まで　　さえ

❶ 会社から持てる_____の書類を持って帰った。

❷ こんなまずいもの、犬_____食べないよ。

❸ きのうの面接試験の質問は細かすぎる。叔父、叔母が働いている会社の名前_____聞かれた。

❹ 徹夜_____してレポートを書いたのに、電車の中に置き忘れてしまった。

❺ ああ、おいしい。これ_____わたしが探していた味です。

❻ 昔のことはみんな忘れてしまった。いちばん好きだった先生の名前_____思い出せない。

❼ 愛しているから_____、あなたに迷惑をかけたくないの。別れましょう。

❽ 試合のためにあれ_____練習したのに、勝てなかった。

問題 2-2 다음 중 알맞은 것을 고르세요.

❶ え、お宅の犬は一日4回もご飯を { a 食べるの　b 食べないの }？

❷ 彼は片づけが好きではないらしい。自分が使ったコップも { a 洗う　b 洗わない }。

❸ それだけ食べて、おなかが ｛ a もういっぱいなの　b まだいっぱいにならないの ｝？

❹ 子どもだからこそおもしろい絵が ｛ a かける　b かけない ｝。

❺ 外国への引っ越しに亀まで ｛ a 連れていくのか　b 連れていかないのか ｝！

❻ 彼女は普通の食事でよく食べる魚の名前さえ ｛ a 知っている　b 知らない ｝。

POINT ポイント3

▶ 정도가 심하지 않다는 느낌을 나타내는 조사

조사	의미	예문
しか	少ない、という気持ち 적다는 느낌 （しか～ない）	きのうは5時間しか寝られなかった。 運がいいことは2回しか続かなかった。 今月はあと6千円しかない。
でも	提案・意志・希望・推量などの軽い例示 제안・의지・희망・추측 등을 가볍게 제시	お茶でも飲みましょうか。 あしたは映画でも見ようかな。 冬休みにでも一度スキーをやってみたい。
など なんか なんて	重要ではない、嫌だという気持ち 중요하지 않다, 싫다는 느낌	あの人の顔など見たくない。 こんな問題なんか簡単に解けるさ。 おばけなんていないよ。
ぐらい （くらい）	程度は軽い、という気持ち 가벼운 정도라는 느낌	わたしができる料理は卵焼きぐらいです。 この仕事が好きだ。給料がちょっと少ないくらい、問題じゃない。
	最低限 최소한	自分のシャツぐらい自分で洗いなさい。 日曜日ぐらい昼まで寝ていたいなあ。

問題 3-1 　　　에서 가장 적절한 것을 골라＿＿＿＿위에 쓰세요. (하나의 단어를 두 번 이상 쓸 수 있습니다.)

　　　しか　　でも　　なんか　　ぐらい

❶ わたしのアパートから駅まで３分＿＿＿＿かかりません。
❷ 自分一人＿＿＿＿悪いことをしても大丈夫だろうと思ってはいけない。
❸ 同じマンションに住んでいるんだから、あいさつ＿＿＿＿したらどうですか。
❹ 外で遊ぼうよ。宿題＿＿＿＿後でやればいいよ。
❺ あした天気がよかったらハイキング＿＿＿＿しませんか。
❻ 薬の名前は１度聞いた＿＿＿＿では覚えられません。
❼ わたしはまだ結婚＿＿＿＿したくない。
❽ A：おかしいなあ。サニー会館はどこでしょうね。
　　B：道がわかりませんね。あの店の人に＿＿＿＿聞いてみましょうか。
❾ 始まる時間まであと５分＿＿＿＿ありませんよ。急いでください。
❿ 椅子が25＿＿＿＿ないよ。30人以上来るらしいから足りないね。
⓫ パーティーにはちょっと＿＿＿＿遅く行っても大丈夫だよ。
⓬ いくら待ってもメールが来ない。一郎＿＿＿＿もう大嫌い！

問題 3-2 다음 중 알맞은 것을 고르세요.

❶ コピー用紙があと少ししか { a あります　　b ありません }。
❷ 誕生日にはすき焼きでも { a 食べましょうか　　b 食べました }。
❸ お金なんか { a たくさんほしいよ　　b 要らないよ }。
❹ 林さんが言っていることなど { a 信じたい　　b 信じられない }。
❺ それぐらいのこと、子どもでも { a 知っているよ　　b 知らないよ }。
❻ 車の運転免許をとるくらい { a 簡単だよ　　b 簡単じゃないよ }。

▶ 같은 종류의 사항을 열거하는 조사

<초급에서는> 机の上には本やノートやペンなどがある。
土曜日にも日曜日にも仕事がある。

조사	의미	예문
〜やら 〜やら	いろいろある 여러가지다	庭には赤やら黄色やら色とりどりの花が咲いている。 大会では準優勝だった。うれしいやら悔しいやら複雑な気持ちだった。 自転車を壊されて、弟は泣くやら怒るやら大変な騒ぎだ。
〜とか 〜とか 〜とか 〜とかして	例をあげる 예를 들다	わたしはキムチとかカレーとかの辛いものが好きです。 この町はプールとか運動場とか、スポーツ施設がたくさんある。 あなたはダイエットするとか運動するとかして、少し体重を減らしたほうがいいですよ。
〜だの 〜だの	代表として並べる 대표적으로 열거하다 マイナスイメージ 마이너스 이미지	祭りの後は紙くずだのカンだのがいっぱいだった。 この子はケーキだのあんパンだの、甘いものばかり食べたがる。 ケンはこのごろ赤だのピンクだの派手な色のシャツを着るようになった。
〜にしても 〜にしても	〜の場合も 〜の場合も 〜の경우도 〜의 경우도	リンさんにしてもカンさんにしてももっと時間を守ってくださいよ。 小説にしてもテレビにしてもわたしは時代物の方が好きだ。 山に行くにしても海に行くにしても、わたしはいつもこの子といっしょだ。

問題 4 ＿＿＿＿에서 가장 적절한 것을 골라 ＿＿＿＿＿ 위에 쓰세요.(하나의 단어를 두 번 이상 쓸 수 있습니다.)

やら　　とか　　だの　　にしても

❶ わたしは野球＿＿＿＿＿サッカー＿＿＿＿＿、チームでやるスポーツの方が好きだ。

❷ 水曜日＿＿＿＿＿金曜日＿＿＿＿＿、店はもう予約がいっぱいなんです。

❸ 「疲れた」＿＿＿＿＿「眠い」＿＿＿＿＿と言っていないで、早く宿題をしなさい。

❹ 結婚式では、うれしい＿＿＿＿＿恥ずかしい＿＿＿＿＿で、うまくあいさつができなかった。

❺ 部長＿＿＿＿＿課長＿＿＿＿＿、営業をやっているわたしの気持ちをもっと考えてほしい。

❻ インターネットで探す＿＿＿＿＿不動産屋に相談する＿＿＿＿＿して、早く新しいアパートを探さなければ…。

❼ 試合の応援をする人たちは大声を出す＿＿＿＿＿歌う＿＿＿＿＿、じっとしていられないようだった。

❽ この魚は煮る＿＿＿＿＿焼く＿＿＿＿＿して、火を通してから食べてください。

❾ 電話をかける＿＿＿＿＿メールを送る＿＿＿＿＿、言葉には気をつけたい。

정리 まとめ

☐에서 가장 적절한 것을 골라 _____위에 쓰세요.

A   しか　でも　なんか　ばかり　まで　も

(하나의 단어를 한 번씩 씁니다.)

母: あれ、あんまんを四つ①_____食べたのね。わたしの分②_____食べたんでしょ。甘いもの③_____食べないで、野菜も食べなければだめよ。このきゅうり④_____食べたらどう？

子: きゅうり⑤_____いらないよ。

母: でも、きょうはきゅうり⑥_____ないのよ。

B   こそ　だけ　でも　にしても　やら　まで

(두 번 쓸 수 있는 단어도 있습니다.)

八百屋の店先にはきゅうり①_____トマト②_____いろいろな野菜が並んでいる。野菜③_____ではなく、果物もある。今は冬なのにすいか④_____置いてある。母は野菜も食べたほうがいいと言うが、母⑤_____野菜をたくさん食べてダイエットしたほうがいいのだ。野菜⑥_____果物⑦_____、生で食べられるものは簡単でいい。きょうはいろいろな野菜を買ってサラダ⑧_____作ってみようか。

C   こそ　ぐらい　さえ　しか　だけ　とか

(두 번 쓸 수 있는 단어도 있습니다.)

体①_____健康ならがんばることができる。今年②_____飲みすぎ、食べすぎはやめて、健康的な生活をしよう。自分の健康管理③_____自分でやらなければだめだ。ジョギング④_____水泳⑤_____、運動もしなければならないだろう。でも、たばこ⑥_____は止められないなあ。そうだ、いいことを考えた。「一日３本⑦_____吸わない！」これなら実行できそうだ。

1課　여러 기능을 하는 조사　_17

2과 화제 내세우기 話題の取り立て

초급에서 학습한 조사「は」는 화제를 채택할 때의 조사입니다. 중급에서는 화제를 내세우기 위한 여러가지 말을 학습합니다. 어느 것이든 어떤 의도를 가지고 화제를 내세울 때 씁니다.

STARTING TEST スタートテスト

 다음 중 알맞은 것을 고르세요.

❶ A：Bさん、林太郎さんっていう人を知っていますか。
　　B：ええ、林さん {a なら　b とは} よく知っていますよ。

❷ 林さん {a は　b とは} わたしの高校の先輩なんです。

❸ A：この間、和田さんのうちで、その林さんが料理をしたんだけど、その辛かったこと {a といったら　b なら} 食べられないほどだったんですよ。

❹ B：本当？　林さん {a とは　b に限って} そんなことはないでしょう。

❺ 彼は料理 {a とは　b にかけては} プロのように上手なはずですよ。イタリア料理店でアルバイトをしていたんですから。

❻ A：そうなんですか。イタリア料理 {a といえば　b に限って}、先週イタリアから帰ってきた森さんも料理が上手ですよね。

❼ B：そう、森さんは料理 {a に限って　b のこととなると} すごく熱心になりますよ。

❽ いつも、「料理 {a というものは　b にかけては} ていねいに作るものだ」と言っていますよ。

❾ A：そう言えば、スローフード {a というのは　b に限って} イタリアから始まったんですよね。

❿ B：そう。ファーストフード {a というと　b というものは} アメリカだけどね。

 **POINT ポイント1**

▶ 설명, 관련 짓기 위해 화제를 내세울 때의 말

1 **〜なら** ⇒ 상대방의 말이나 모습을 보고 내세운다.

- A：田中さんはいませんか。
  B：田中さんならもう帰りましたよ。
- A：「東京タワー」という本、おもしろかったよ。
  B：「東京タワー」なら、ぼくはテレビで見たよ。
- めがねを探しているの？　めがねなら、ほら、ここにあるよ。

2 **〜というのは・〜とは** ⇒ 의미를 설명하거나 정의를 짓기 위해 내세운다.
　　　　　　　　　　　　　　　　　（「〜とは」쪽이 딱딱한 말투）

- 「師走」というのは古い言い方で、12月のことである。
- 「足が出た」というのは予算がオーバーしたという意味です。
- 正三角形とは3辺が等しい三角形である。

3 **〜といえば** ⇒ 상대방의 이야기나 자신이 말한 내용 중에 나온 단어를 그것과 관련이 있는 이야기로 이끌기 위해 내세운다.

- A：隣の山田さんはニューヨークに転勤で、きのう引っ越したんですよ。
  B：そうですか。引っ越しといえば、うちも来年は引っ越そうと思っているんです。
- A：うちの近くに耳鼻科の医院がオープンしましたよ。
  B：耳鼻科といえば、今年も花粉症の季節が近づきましたね。
- きのうテレビで広い草原の風景を見たよ。草原っていえば、来年はモンゴルに行ってみたいなあ。

4 **〜というと・〜といえば・〜といったら**
　　　　　　　　　　　　⇒ 그 단어로부터 금방 떠오르는 것을 말할 때 내세운다.

- スイスというと、美しい山の姿を思い浮かべますね。
- 日本のお正月といえば、おもちとおせち料理ですよね。これがなければお正月ではないみたいです。
- くじらっていったら、さあ、どんなことが思い浮かびますか。

5 **〜はというと** ⇒ 다른 것과 비교해서 다르다는 것을 말하기 위해 내세운다.

・彼は魚料理が好きで何でも食べるが、肉料理**はというと**かなり好き嫌いがある。
・祖母はケータイやパソコンなどをよく使う。一方母**はというと**、ケータイもパソコンも全く使おうとしない。
・彼の小説はどれもみんなおもしろかったが、最新作**はというと**期待はずれだった。

問題 1　　　에서 가장 적절한 것을 골라 ＿＿＿＿ 위에 쓰세요.

　　　なら　　というのは　　といえば　　はというと

❶ 妹：あれ、ここにあったいちごは？
　 兄：いちご＿＿＿＿＿＿ぼくが食べちゃったよ。

❷ わたしは理科系の科目は好きなんですが、国語や社会＿＿＿＿＿＿苦手なんです。

❸ 先生、「尊大」＿＿＿＿＿＿どういう意味ですか。

❹ うちの庭に今年は白いばらが咲いたんですよ。白いばら＿＿＿＿＿＿、この間「白バラの祈り」っていう映画を見ました。

　　　なら　　というのは　　というと　　はというと

❺ わたしは外国の映画はよく見ます。でも日本の＿＿＿＿＿＿あまり興味がありません。

❻ すみません、この「アップデート」＿＿＿＿＿＿どういうことですか。

❼ 交番＿＿＿＿＿＿ふつう硬い建物を想像しますが、駅前にできた交番は絵本に出てくるようなすてきな建物なんです。

❽ A：このテキスト、いいね。
　 B：ああ、そのテキスト＿＿＿＿＿＿、ぼくはもう使わないから君にあげるよ。

 **POINT ポイント 2**

▶ 어떤 느낌을 말하기 위해 화제를 내세울 때의 말

1. **〜というものは・〜ということは** ⇒ 감정을 담아서 화제로 삼는다.
   (명사에 연결될 때 : 〜というものは
   명사 이외에 될 때 : 〜ということは)

   - 親というものはありがたいなあ。
   - 人間の気持ちというものは簡単にはわからないよ。
   - 子どもを育てるということは難しいことだなあ。

2. **〜に限って** ⇒ 특별히 〜만이라는 느낌을 담아서 화제로 삼는다.

   - 傘を持っていかない日に限って雨が降る。
   - どうしてだろう。急いでいるときに限ってタクシーがつかまらない。
   - うちの子に限ってそんな悪いことはしません。あの子を信じています。
   - あなたに限ってわたしにうそは言わないと思っていたのに…。

3. **〜といったら** ⇒ 정도를 강조하기 위해 화제로 삼는다.

   - 彼女の泳ぎ方のうまさといったら、まるで魚のようだ。
   - 国家試験に合格したときのうれしさといったら、今でも忘れられません。
   - 久しぶりに会った兄の変わり方といったら、別人かと思ったほどだ。

4. **〜にかけては** ⇒ 〜에 관해서 아주 뛰어나다고 말하기 위해 화제로 삼는다.

   - あの子は走ることにかけてはだれにも負けない。
   - うちの母は花作りにかけてはプロ級です。
   - ファッションセンスにかけては彼女は社内でいちばんだ。

5. **〜のこととなると** ⇒ 〜에 대해서는 보통 이상의 반응을 나타낸다고 말하기 위해 화제로 삼는다.

   - 田中さんは愛犬のこととなると、急にやさしい性格になってしまう。
   - 妹は好きな歌手のこととなると、勉強も忘れてしまうようだ。
   - 父は仕事のこととなると、目の色が変わってくる。

問題 2-1 다음 문장의「は・には・のことは」를 ▢ 안에서 가장 적절한 것을 골라 바꿔 넣으세요.

> というものは　に限って　といったら　にかけては　のこととなると

❶ 人の命は（＝_____）何にも代えられないものなのだ。
❷ A学園の施設のすばらしさは（＝_____）日本一でしょう。
❸ どういうわけかぼくが旅行する日には（＝_____）雨が降る。
❹ 愛子はまだ8歳だが、ケーキ作りは（＝_____）大人以上にうまい。
❺ うちの社長は自分の息子のことは（＝_____）公私の区別がわからなくなってしまう。

問題 2-2 ▢ 에서 가장 적절한 것을 골라 _____ 위에 쓰세요.

> というものは　ということは　に限って
> といったら　にかけては　のこととなると

❶ あの人_____不正なんかするはずがない。
❷ あの店のラーメンのおいしさ_____何度食べても飽きない。
❸ 平和_____ありがたいものだ。
❹ うちの夫はカレーを作ること_____レストランのコックみたいに上手だ。
❺ あ～あ、人を愛する_____難しいなあ。
❻ 彼は魚釣り_____話が終わらなくなる。

정리 まとめ

□에서 가장 적절한 것을 a~e 중에 골라 _____ 위에 쓰세요.

A
a なら　b といえば　c に限って　d にかけては　e のこととなると

山田：うちの太郎は写真が好きで、写真①_____ ほかのことを忘れてしまうようです。いい写真を撮ること②_____ だれにも負けないみたいです。

田中：写真③_____、先日の旅行のとき、富士山の写真をたくさん撮ったのに、旅行の後、カメラをどこかで失くしてしまったんですよ。

山田：え？あのカメラ④_____ わたし、見ましたよ。会社のロッカーの上にありましたよ。あなた⑤_____ 忘れ物などしないと思っていたんですが、あれはやはり忘れ物だったんですね。

B
a というのは　b はというと　c というものは
d といったら　e にかけては

人生①_____ 不思議なものですね。つらかったことなのに懐かしく思うことがあります。職がなかったときの不安感②_____ 夜も眠れないほどでしたが、今ではあのころが懐かしいです。わたしの親戚には堅いサラリーマンが多いのですが、わたし③_____、時間に縛られる規則的な生活は苦手。それで会社勤めは続かなくてフリーになりました。フリー④_____ 自由だけれど何もない、という意味ですから、今も生活は安定していません。でも、今では照明デザイン⑤_____ 業界ナンバーワンと言われるまでになりました。

3과 조사의 기능을 하는 말 1 助詞の働きをする言葉1

중급에는 말이 연결된 형태로 조사와 같은 기능을 하는 것이 있습니다.
이 과에서는 장면, 시점, 범위, 수단, 원인 등을 나타내는 말을 학습합시다.

STARTING TEST スタートテスト

 다음 중 알맞은 것을 고르세요.

❶ 入学式は４月３日10時より、講堂 ｛a において　b によって｝ 行われる。
❷ このレポートは留学生の食生活 ｛a について　b に際して｝ 書かれたものである。
❸ 敬語の使い方 ｛a を通じて　b に関して｝ 300人にアンケートをした。
❹ 新年度の初め ｛a にわたって　b にあたって｝ 一言ごあいさつ申し上げます。
❺ 田中さんはいつもお年寄り ｛a に対して　b にとって｝ 優しい。
❻ わたしは日本語を教える仕事 ｛a を通して　b に対して｝ いろいろな国の人と出会った。
❼ きょうは夕方から夜 ｛a に際して　b にかけて｝ 雨が降るでしょう。
❽ 林さんの話 ｛a によると　b によって｝ 王さんは来月結婚するそうだ。
❾ タバコの火の消し忘れ ｛a において　b から｝ 火事になった。
❿ この島は一年 ｛a について　b を通じて｝ 雨が多い。

POINT ポイント1

▶ 장소, 장면, 시점을 나타내는 것 · 범위를 나타내는 것

<초급에서는> 体育館でスポーツ大会が開かれる。
国を出るときにいろいろ準備をした。
9時から5時まで働いた。

A 장소, 장면, 시점

1 ～において（～における） ⇒ 장소, 장면, 상황, 분야 등. 격식체 표현.

- 本日ホールにおいてアルバイトの説明会が行われる。
- 経済界において彼の名前を知らない人はいないだろう。
- どの計画も、お金がかかるという点において問題は共通していると思う。
- 21世紀における最大の問題は何か。

2 ～にあたって ⇒ 고비가 되는 듯한 특별한 시점, 중요한 행동을 시작하는 시점. 그 시점에서의 경건한 기분이나 의지적 자세를 나타낼 때의 표현.

- お二人のご結婚にあたって、一言ごあいさつ申し上げます。
- 新しい年の初めにあたって、みなさまのご健康をお祈りいたします。
- 社会に出るにあたって、親から自立しようと決心した。

3 ～に際して ⇒ 특별한 것을 하거나 시작하는 시점. 격식체 표현.

- 今回の来日に際して、みなさまには大変お世話になりました。
- わたしの本の出版に際しては、母校の先生方のご協力をいただきました。
- お世話になったみなさんとお別れするに際して、心からお礼を申し上げます。

B 범위

1 ~から~にかけて ⇒ 시작과 끝이 확실하지 않은 어떤 범위. 그 범위에서 같은 상태가 계속되고 있다.

- きのう、夜中から明け方にかけて弱い地震が数回あった。
- 1960年代の終わりから70年代にかけて、日本ではミニスカートが大流行した。
- 明日は関東地方から東北地方にかけて大雨になるでしょう。

2 ~にわたって（~にわたる） ⇒ 기간, 장소, 회수 등의 전범위. 그 범위에서 같은 상태가 계속되고 있다.

- 子どもの遊びについての調査は5年にわたって続けられた。
- 今度の台風は九州地方全域にわたって被害を与えた。
- 数回にわたる会社側との話し合いの結果、住民の願いがやっと一部聞き入れられた。

3 ~を通じて・~を通して ⇒ 어떤 기간. 그 기간 동안 끊임없이 같은 일이 계속되고 있다.

- この公園は一年を通じて、花がいっぱいだ。
- 留学時代を通じて、保証人のお宅のみなさんにずっと仲良くしていただいた。
- 彼は一生を通して、熱心な教育者だった。

問題 1-1 다음 중 알맞은 것을 고르세요.

❶ a じゃ、あした、駅前において会おうね。
　 b 本日、駅前において、演説会が行われます。

❷ { a 車が動かなくなる } にあたって、近所の人の協力を頼まなければならない。
　 { b 野外で実験をする }

❸ { a ご帰国 } に際して、ぜひ差し上げたいものがあります。
　 { b 今度の面会 }

❹ 北関東から長野県、新潟県にかけて、{ a 山が多い。
　　　　　　　　　　　　　　　　　　 { b わたしの実家がある。

❺ リン君は全科目にわたって { a 成績がいい。
　　　　　　　　　　　　　　{ b 3科目不合格になってしまった。

❻ 在日期間を通じて、わたしは { a 1度だけ富士山に登った。
　　　　　　　　　　　　　　　{ b よくハイキングを楽しんだ。

問題 1-2 ▢ 에서 가장 적절한 것을 골라 _____ 위에 쓰세요.

| において　における　にあたって　にわたって　にわたる　を通じて |

❶ わたしは自分の店を開く_____親や友人たちからお金を借りた。
❷ 日本の精神医学_____第一人者は田中先生だと思う。
❸ 東京ディズニーランドは年間_____人が多い。
❹ 大雪のため、国道18号線は全線_____通行止めです。
❺ 全国学生スポーツ大会はT市の市民グラウンド_____行われた。
❻ 10日間_____全国スポーツ大会が、今、幕を開けました。

POINT ポイント2

▶ 수단·방법, 원인을 나타내는 것

<초급에서는> ペンで書く。
新聞で知った。
新聞記事からわかった。
風で木が倒れた

1 〜によって（〜による） ⇒ 手段、方法、原因 수단, 방법, 원인

- 今はインターネットによって、世界中の情報をすぐに得ることができる。
- 営業の仕事は実際に人と接することによって覚えていくものだ。
- 戦争によって多くの人が亡くなった。
- この地震による津波の心配はありません。

2 〜を通じて・〜を通して ⇒ 媒介になるもの 매개체가 되는 것

- 現地の大使館を通じて、事故の様子が伝わってきた。
- わたしは高校時代の先生を通じて知り合った人と結婚しました。
- わたしは今の仕事を通して、たくさんのいい経験をしている。

3 〜によれば・〜によると ⇒ 情報の出どころ 정보의 출처

- 彼の話によれば、展覧会は来年3月に行われるらしい。
- 天気予報によると、明日は午後から雨が降るそうだ。
- カタログによると、この商品の色は4色、形も3種類あるようですね。

4 〜から ⇒ 原因 원인

- ちょっとした不注意から大事故になることがある。
- わたしの短いメール文から彼女との関係が悪くなってしまった。
- ストレスから心の病気になることもある。

問題 2-1 다음 중 알맞은 것을 고르세요.

❶ ｛ a メールや携帯電話の普及によって、仕事のやり方が大きく変わった。
　　 b じゃ、後でケータイメールによって時間を知らせるね。

❷ わたしはボランティア活動を通じて、｛ a いろいろな国の人と知り合った。
　　　　　　　　　　　　　　　　　　 b いつも楽しかった。

❸ 母の手紙によると、｛ a わたしはすぐ帰国するつもりだ。
　　　　　　　　　　 b すぐ帰国してほしいとのことだ。

❹ スピードの出しすぎから ｛ a 大きい事故になってしまった。
　　　　　　　　　　　　　 b 大きい事故だ。

問題 2-2 ＿＿＿＿에서 가장 적절한 것을 골라 ＿＿＿＿ 위에 쓰세요.

　　　によって　　による　　を通じて　　によれば　　から

❶ この地方は、台風や大雨＿＿＿＿＿被害が多い。
❷ 専門家の意見＿＿＿＿＿この事業は将来性があるとのことだ。
❸ マッチ１本＿＿＿＿＿大火事になることもあります。気をつけましょう。
❹ 今度の選挙＿＿＿＿＿新しいリーダーが決まる。
❺ 先輩の田中さん＿＿＿＿＿A社の部長とお会いすることができた。

POINT ポイント3

▶ 대상을 나타내는 것

<초급에서는>　ヤンさんにプレゼントをあげる。
　　　　　　わからなかった人のためにもう一度説明する。
　　　　　　歴史のことを調べる。
　　　　　　田中さんは水泳が上手だ。

1　〜について・〜に関して（〜に関する）
　⇒　思考関係(話す、聞く、調べる、説明するなど)の主題を言う。
　　사고관계(話す, 聞く, 調べる, 説明する 등) 의 주제를 말한다.

・わたしは明治時代の文学者について調べています。
・この商品の特長についてもう少し詳しく説明してください。
・モーツァルトの性格に関しては、いろいろなことが言われている。
・この事件に関するデータが大体そろった。

2　〜に対して（〜対する）　⇒　行為や感情が向けられる対象を言う。
　　행위나 감정이 향하는 대상을 말한다.

・デパートでは客に対してとてもていねいな敬語を使う。
・今のご意見に対して何か反対意見はありませんか。
・大人に対する反抗心は何歳ごろから出てくるのだろうか。

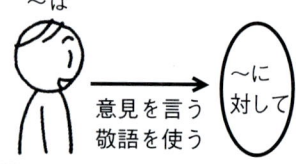

3　〜に応えて　⇒　ほかからの期待や願いに沿うように行為をする、と言う。
　　외부의 기대나 바람에 따르도록 행동한다고 말한다.

・アンコールに応えて、彼女は2度も舞台に出てきた。
・みんなの期待に応えて、フィギュアスケートのA選手はすばらしい演技を見せてくれた。
・住民の願いに応えて、市では子どもの遊び場を3か所も増やした。

4　〜をめぐって　⇒　争い、議論、対立、うわさなどの対象を言う。
　　분쟁, 의논, 대립, 소문 등의 대상을 말한다.

・財産問題をめぐって、兄弟が争っている。
・マンションの建設をめぐって、建設会社と住民との対立が続いている。
・だれに責任があるかをめぐる話し合いは、なかなか終わりそうもない。

問題 3-1 어느 쪽이 알맞은 말인지 고르세요.

① あの人について、{ a わたしはとても好きです。
　　　　　　　　　 b わたしは何も知りません。

② 田中先生は、{ a わたしに対して } 歌を教えてくれた。
　　　　　　　 b わたしに

③ 今度の知事はわたしたちの期待に応えて、{ a いい働きをしてくれるだろうか。
　　　　　　　　　　　　　　　　　　　　 b とても実行力がある人だ。

④ きょうの会議ではルール改正をめぐって、{ a いろいろな意見が出るだろう。
　　　　　　　　　　　　　　　　　　　　 b 会長が説明する予定です。

問題 3-2 　　　 에서 가장 적절한 것을 골라 _____ 위에 쓰세요.

| について　　に関する　　に対して　　に対する　　に応えて　　をめぐって |

① わたしは自分の国の教育＿＿＿＿＿＿あまり関心がなかった。
② 市では子育て中の女性＿＿＿＿＿＿積極的にサポートする計画を立てている。
③ アルバイト＿＿＿＿＿＿ことは事務の田中さんに聞いてください。
④ 彼の突然の帰国＿＿＿＿＿＿、いろいろな人がいろいろなことを言っている。
⑤ 国のサッカーチームはファンの声援＿＿＿＿＿＿3対1で勝った。
⑥ 田中先生＿＿＿＿＿＿感謝の気持ちは、今も変わりません。

정리 まとめ

☐ 에서 가장 적절한 것을 a~f 중에 골라 ＿＿＿＿＿ 위에 쓰세요.

A
a 話し合い　b 会社側　c 住民側
d 工場の建設　e 建設計画　f ３か月

　この町で計画されている①＿＿＿＿をめぐってまわりの住民と会社側との対立が続いている。会社側は②＿＿＿＿について住民に説明した。しかし、住民は③＿＿＿＿に対して強く抗議した。抗議行動は④＿＿＿＿にわたって続いている。
　この問題は⑤＿＿＿＿によって解決するだろうか。

B
a 社長　b 住民　c 工事開始
d 工事の責任者　e スポーツ施設　f みなさんの要望

　半年後、工場の建設工事が始まった。①＿＿＿＿にあたって、社長が住民にあいさつした。②＿＿＿＿によれば、工事は住民の迷惑にならないようにするということだ。「もし、何か問題があったら、③＿＿＿＿を通じて私に連絡してください」とも言った。また、「④＿＿＿＿に応えて、工場内にスポーツ施設も造ります」と言った。
　再来年の春、その⑤＿＿＿＿において、スポーツ大会が行われるそうだ。

4과 조사의 기능을 하는 말 2 助詞の働きをする言葉2

중급에는 조사 같은 기능을 하는 말이 많이 나옵니다. 여기서는 기준, 무관계, 첨가를 나타내는 말을 학습합시다.

STARTING TEST スタートテスト

問題 다음 중 알맞은 것을 고르세요.

① 彼女は昔の話 {a に沿って　b をもとにして} 子どもの歌を書いた。
② ハワイのダンスが男女 {a を問わず　b もかまわず} 流行している。
③ この店はサービスがよくない {a ばかりか　b に限らず} 値段も高い。
④ トムはさしみ {a を問わず　b はもちろん} 納豆でも何でも食べる。
⑤ 村上春樹の小説はアジア {a は別として　b に限らず} ヨーロッパやアメリカでも読まれている。
⑥ 彼は教師だった両親 {a のもとで　b に沿って} 多くの本を読んで育った。
⑦ この地方では、夏 {a は別として　b もかまわず} 一年中雨が少ない。
⑧ 学校にいる間、先生方 {a の上に　b はもとより} 事務の方々にも大変お世話になりました。
⑨ マリ子は空港で人目 {a もかまわず　b はさておき} 大声で泣いた。
⑩ この会の規則は会員の意見 {a に沿って　b はもとより} 決められている。

POINT ポイント1

▶ 행동의 기준을 나타내는 것

1　～をもとに（して）　⇒　～を素材に使って…（作る・できる・書くなど）
　　　　　　　　　　　　　～을/를 소재로 사용해서…(作る・できる・書く 등)

・この物語は日本の昔話をもとにして作られた。
・漢字をもとにして、ひらがなとかたかなができた。
・父から聞いた話をもとにして童話を書いてみた。

2　～のもとで　⇒　～に守られ、その影響を受けながら…　～에게 보호 받고, 그 영향을 받으며…

・彼は優しい両親のもとで、子ども時代を楽しく過ごした。
・弟はある有名な脚本家のもとで、テレビドラマの作り方を勉強している。
・この製品は厳しい管理のもとで作られました。

3　～に沿って（～に沿った）　⇒　～の基準から離れないように…
　　　　　　　　　　　　　　　～의 기준에서 벗어나지 않도록…

・大会の準備はスケジュール表に沿って順調に進んでいる。
・「環境を守る会」の会員は、会の方針に沿って行動してほしい。
・この店の店員はお客様に対してただマニュアルに沿った対応しかできない。

4　～に基づいて（～に基づく）　⇒　～を行動の基本と考えて…
　　　　　　　　　　　　　　　　～을/를 행동의 기준으로 생각해서…

・この学校は設立した人の言葉に基づいて教育が行われています。
・過去の経験に基づいて正しい政治が行われなければならない。
・新聞には事実に基づくことが書いてあるはずなのに…。

問題 1-1 다음 중 알맞은 것을 고르세요.

❶ この歌は有名なクラシックの音楽をもとにして { a 作られた。
　　　　　　　　　　　　　　　　　　　　　　 b 歌われている。

❷ { a この犬や猫のもとでわたしは楽しく生活しています。
　　 b この犬や猫は、やさしい飼い主のもとで楽しそうに生きています。

❸ 説明書に沿って { a 組み立ててください。
　　　　　　　　　 b 使い方がよくわかります。

❹ 学校教育は教育基本法に基づいて { a 公平に行われなければならない。
　　　　　　　　　　　　　　　　　 b 非常に大切なことである。

問題 1-2 ＿＿＿에서 가장 적절한 것을 골라 ＿＿＿＿ 위에 쓰세요.

> をもとにして　　のもとで　　に沿って　　に基づいて　　に基づく

❶ 以上のことは、わたしの経験＿＿＿＿＿＿意見なのです。
❷ 料理の本に書いてある作り方＿＿＿＿＿＿作っていけば、おいしいものができるはずだ。
❸ 先生のあたたかいご指導＿＿＿＿＿＿わたしは歌手としてデビューしました。
❹ この曲は日本の古い歌＿＿＿＿＿＿できたものである。
❺ 政治家は民主主義精神＿＿＿＿＿＿政治を行ってほしい。

 **POINT ポイント2**

▶관계 없는 것, 문제로 삼지 않는 것을 나타내는 것

1 〜を問わず・〜にかかわらず・〜にかかわりなく
⇒ 〜には関係なくどんな〜でも・どちらの場合でも…
〜에는 무관하게 어떤 〜에도・어떤 경우에도…

- このアルバイトは経験を問わずだれでもできます。
- きのうのM氏の言葉について、国の内外を問わずいろいろな人からファックスやメールが届いた。
- このドームでは天気にかかわらず、いつでも野球の試合ができる。
- 男女にかかわらず、時間がある人は仕事を手伝ってください。
- 参加するしないにかかわりなく、この計画についてご意見をお書きください。
- この会には日本語の力にかかわりなく、どなたでも入会できます。

2 〜もかまわず ⇒ ふつうは〜を気にかけるが、それを気にかけないで…
보통은 〜을/를 신경 쓰지만, 그것을 신경 쓰지 않고…

- 人目もかまわず電車の中で化粧している人がいる。
- 母は着ているものもかまわず、デパートへも銀行へも行く。
- 小林君は夜でも朝でも時間もかまわずあちこちに電話をかける。

3 〜は別として ⇒ 〜は例外的に考えて… 〜은/는 예외로 생각하고…

- 休みの日は別として、この電車には学生の乗客が多い。
- がまん強い人は別として、普通の人間は体のどこかが痛いときは顔に表れる。
- 大雨、大雪の日は別として、わたしは毎晩ジョギングをしている。

4 〜はさておき・〜はともかく（として）・〜は別として
⇒ とりあえず今は〜のことは問題にしないで… 우선 지금은 〜은/는 문제로 삼지 않고…

- この料理は値段はさておき、味はとてもいい。
- 仕事の内容はさておき、この仕事は4時に終わるから楽だ。
- 結果はともかく、健治の努力は認めるべきだ。彼は一生懸命やったのだ。
- 原因はともかくとして、疲れているようだからゆっくり休んでください。
- どんな歌を歌うかは別として、プログラムの中に歌を入れよう。
- いいか悪いかは別として、わたしは親をモデルにして小説を書きたい。

問題 2-1 다음 중 알맞은 것을 고르세요.

❶ このスポーツ大会には { a 年齢を問わず / b 高齢を問わず } だれでも参加できます。

❷ 田中君は { a 学歴もかまわず、 / b 親の心配もかまわず、} 学校を辞めてしまった。

❸ てんぷらは別にして、{ a 日本料理ではあまり油を使わない。/ b 日本料理の中で特においしいと思う。}

❹ この旅行に行く人が少ないのは、
 { a 細かい点はともかくとして、旅費が問題なのではないか。
  b 旅費はともかくとして、細かい点が問題なのではないか。}

問題 2-2 다음 중 알맞은 것을 고르세요.

❶ このバスは乗車区間 { a にかかわらず　b もかまわず } 運賃は200円です。
❷ 社長は反対意見がたくさんあるの { a にかかわらず　b もかまわず }、自分の計画を実行しようとしている。
❸ このごみ置き場には、曜日 { a を問わず　b は別として } いつでもごみを出せます。
❹ 味 { a にかかわりなく　b はともかく }、あなたが料理を作るなんて驚きましたよ。
❺ わたしは遅くまで仕事がある日 { a を問わず　b は別として }、毎日犬を散歩に連れて行きます。
❻ 買うかどうか { a を問わず　b はさておき }、すばらしいマンションだ。こんなマンションに住みたいなあ。
❼ わたしは種類 { a はさておき　b にかかわりなく }、どんな犬でも好きです。
❽ あの夫婦は人目 { a もかまわず　b にかかわりなく }、駅で大げんかをしているよ。

POINT ポイント3

▶ 첨가를 나타내는 것

<초급에서는> 肉だけではなく野菜もたくさん食べよう。

---

1 ~上(に) ⇒ ~と同じようなことがらがさらに加わって… ~와/과 같은 것이 더 더해져서…

- わたしの部屋は狭い上に、あまり明るくない。
- きのうは大雨が降った上に、風も強かった。
- 昨年は地震の被害の上、台風の被害も多かった。

---

2 ~ばかりでなく・~ばかりか ⇒ ~だけでなく、それに加えて… ~뿐만 아니라 거기에 더해…

- 肉ばかりでなく、野菜もたくさん食べなさい。
- 日本のお酒は今、国内ばかりでなく、外国でも人気がある。
- うちには犬ばかりか、猫、うさぎ、にわとりもいる。
- この本は難しいばかりか、内容もよくない。

---

3 ~に限らず・~のみならず ⇒ ~だけに限定しないで…(「~のみならず」는 딱딱한 표현)
~만으로 한정하지 않고…

- 人間に限らず、ペットも成人病になる。
- 鎌倉は休日に限らず、ウィークデーも観光客が多い。
- 地球温暖化のため、島のみならず、大都市まで海に沈んでしまうかもしれない。

---

4 ~はもちろん・~はもとより
⇒ ~は当然のことだが、それだけでなく、ほかにもっと…
~은/는 물론이지만, 그것 뿐만 아니라 다른 것도 더…
「~はもちろん」은 당연하다는 느낌이 강하다. (「~はもとより」는 딱딱한 표현)

- 現代では、紙はもちろん缶やガラスびんもリサイクルが進んでいる。
- わたしたち医療チームは病気の治療はもとより、病気の予防にも努力しています。
- 家族はもとより友人や先輩に支えられて、自分の店を開くことができました。

問題 3-1 다음 중 알맞은 것을 고르세요.

❶ あの青年はハンサムな上、{ a 気持ちは優しい。 / b 気持ちも優しい。 }

❷ 文型の練習ばかりでなく、{ a 言葉をたくさん覚えることは / b 言葉をたくさん覚えることも } 大切ですよ。

❸ 東京に限らず、{ a ほかの都市でも / b どこの家庭でも } ごみは大きい問題だ。

❹ わたしが結婚することになって、{ a 友人たちはもとより家族も喜んでくれた。 / b 家族はもとより友人たちも喜んでくれた。 }

問題 3-2 다음 중 알맞은 것을 고르세요.

❶ きょうはラーメン { a のみならず　b だけでなく } カレーも食べたい。
❷ 自分のこと { a ばかりでなく　b はもとより } ほかの人のことも考えなさい。
❸ 旅行好きな母 { a はもとより　b に限らず } このごろは父もよく外国へ出かける。
❹ 雨 { a ばかりか　b に限らず } 風も強くなってきた。
❺ 明日、東京 { a の上に　b ばかりでなく } ほかのいくつかの県でも知事選挙が行われる。

정리 まとめ

[ ]에서 가장 적절한 것을 a~f 중에 골라 _____ 위에 쓰세요.

＜小説家大川○子について＞

A　　a 兄弟　b 両親　c 昼夜　d 野菜　e 米　f 服装

大川○子は、優しい①_____のもとで元気に育った。彼女の家には②_____はもちろん、親類の人たちもいっしょに住んでいた。生活が楽ではなかったので、両親は③_____を問わずよく働いた。④_____は別として、ほとんどの野菜を自分のうちで作った。そして、母は⑤_____もかまわずどこにでも行き、野菜を売って歩いた。

B　　a 男性　b 男女　c キリスト教の精神
　　　　d 教育　e 出来事　f お金の問題

大川○子の両親はクリスチャンだった。①_____に基づいて子どもたちを教育した。また、子どもたちを②_____にかかわりなく平等に育てた。これからは③_____ばかりでなく女性も社会で活躍すると考えていた。④_____はさておき、彼女は幸福な家庭に育ったと言えるだろう。

大川○子の最近の小説を読むと、彼女が自分の家庭の⑤_____をもとにして小説を書いたことがわかる。

5課 조사의 기능을 하는 말 3 助詞の働きをする言葉3

중급에서는 조사와 같은 기능을 하는 말이 많이 나옵니다. 여기에서는 입장, 기준, 대응을 나타내는 말을 학습합시다.

STARTING TEST スタートテスト

 다음 중 알맞은 것을 고르세요.

❶ この町の人々 ｛ a にとって　 b に応じて ｝ 桜は大切な花である。

❷ 働く時間 ｛ a に応じて　 b にしては ｝ 給料に違いがあるのはしかたがない。

❸ このお菓子は値段 ｛ a ともなると　 b のわりには ｝ おいしい。

❹ 同じ昔話でも地方 ｛ a によって　 b にとって ｝ 少しずつ違っている。

❺ 今の若い人 ｛ a によって　 b からすると ｝ この小説の言葉はわかりにくいだろう。

❻ 田中さんは父親 ｛ a として　 b にとって ｝ 毎日子どもの勉強をみている。

❼ 大会社の社長 ｛ a ともなると　 b からして ｝ 簡単には会社を休めない。

❽ カレンダー ｛ a としては　 b の上では ｝ きょうから春だが、まだ寒い。

❾ 彼は歴史の先生 ｛ a だけあって　 b からして ｝ 昔のことをよく知っている。

❿ お金は使い方 ｛ a として　 b 次第で ｝ 人の役に立ったり立たなかったりする。

POINT ポイント1

▶ 판단, 평가, 행동의 입장을 나타내는 말

<초급에서는> わたしから見ると、山中さんは何でも知っていて、生きている辞書のようです。

1 **～にとって** ⇒ ～にはどう感じられるか。 ～에게는 어떻게 느껴질까?

- わたしにとってこの犬はいちばんいい遊び友だちです。
- 日本語の敬語は日本人にとってもめんどうなものだ。
- この絵は100年も前からうちにあるもので、家族にとって大切なものなのです。

2 **～として** ⇒ ～の立場、資格、名目でどうするか・どうであるか。
～의 입장, 자격, 명목으로 어떻게 할까・어떤가?

- わたしは留学生として日本で勉強しています。
- 夫として、父として、ぼくは家庭を大切にしています。
- 彼には人間としてのあたたかさがない。
- 山田先生は大学の先生としてよりもテレビタレントとして有名になった。
- 次回の市民会議のテーマとして、「遊ぶ」ということを取り上げましょう。

3 **～からすると・～からすれば・～からして**
⇒ ～の立場、～の観点から考えるとどうであるか。
～의 입장, ～의 관점에서 생각하면 어떤가?

- 母親のわたしからすると、この子は素直でいい子なんですが…。
- 観光客からすれば、歴史の町に高いビルが建つのは残念なことだ。
- 犬に人間と同じ食べ物をやるのは、犬からすればうれしくないのではないか。
- 便利さからすれば確かにこの商品はすばらしいが、値段が高すぎる。
- あなたの健康状態からして、今月はゆっくり休んだほうがいい。

4 **～にしたら・～にすれば** ⇒ ～の気持ちを想像すればどうであるか。
～의 기분을 상상하면 어떤가?

- 両親にしたら、わたしがいつまでも仕事を持たないことは困るのだろう。
- 猫が好きな人にしたら、どんな猫もかわいいのかもしれない。
- 作って売る人にすれば、ものを何年も大切に使う人はありがたくないのだろう。

5 ～の上で ⇒ ～を見て判断するとどうであるか。 ～을/를 보고 판단하면 어떤가?

- 説明書に書いてある数字の上では、A社のパソコンの方がよさそうだ。
- 健康診断のデータの上ではわたしの体に問題はないのだが、最近疲れやすい。
- 地図の上では、この山に登る道は二つある。

問題 1-1 다음 중 알맞은 것을 고르세요.

❶ わたしにとって、
　a 2月25日を忘れません。
　b 2月25日は忘れられない日です。

❷ アジア大会の選手として、
　a 試合は大切です。
　b わたしは一生懸命がんばります。

❸ 専門家からすれば
　a この本はつまらないだろう。
　b この本は読まないだろう。

❹
　a 高校生にしたら、古いデザインの制服なんか嫌だろう。
　b 学校側にしたら、古いデザインの制服をまだ変えないらしい。

❺ 仕事の上では、
　a 彼はとても有能な人物です。
　b 彼は細かい仕事が好きらしい。

問題 1-2 다음 중 알맞은 것을 고르세요.

❶ わたしは一人の母 {a として　b にとって} この国の教育のことが心配だ。
❷ 年金生活者 {a の上では　b にとって} 医療費の値上がりは重大な問題だ。
❸ 見かけ {a の上では　b にしたら} アパートの部屋はみんな同じですよね。
❹ きれい好きな田中さん {a からすると　b として}、わたしの部屋の汚さはがまんできないほどだろう。
❺ 社長の立場 {a にとって　b からすると} パートタイマーが多いほうが得なのだろう。

POINT ポイント2

▶ 평가의 기준을 나타내는 말

1. **〜わりに（は）** ⇒ 〜という割合から予想した程度ではなく…
   〜라는/이라는 비율에서 예상했던 정도가 아니라…

   - あまり練習しなかったわりには、きょうのスピーチはよくできた。
   - この食品、高いわりにはおいしくないね。
   - 祖父は年のわりには考え方がやわらかい。

2. **〜にしては** ⇒ 〜という事実から予想されることとは違って…
   〜라는/이라는 사실에서 예상했던 것과는 다르게…

   - きょうは真夏にしては涼しい一日だった。
   - プロが描いたにしては下手なイラストだ。
   - 君は日本に来たばかりにしては日本語が上手ですね。

3. **〜だけあって** ⇒ 〜だから当然だが、それにつりあう高い評価ができて…
   〜때문에 당연하지만 그에 맞는 높은 평가를 할 수 있어서…

   - ここは一流ホテルだけあって、サービスがいい。
   - 彼は海の近くで育っただけあって、魚の名前をよく知っている。
   - 川田先生はさすが教育経験が長いだけあって、指導力がすばらしい。

4. **〜ともなると・〜ともなれば** ⇒ 程度が〜まで進めばそれに相応して…
   정도가 〜까지 이르면 거기에 상응해서…

   - 100人も集まる会ともなると、あいさつするわたしは今から緊張してしまう。
   - 社会に出て30年ともなると、会社での責任も大きいだろう。
   - 12月末ともなれば、みんな忙しくなる。

問題 2-1 다음 중 알맞은 것을 고르세요.

❶ この部屋、部屋代のわりには { a 広くてきれいだね。 / b よくも悪くもない。 }

❷ A：今、隣のビルは工事中なんです。
　 B：そうですか。工事中にしては { a うるさいですね。 / b 静かですね。 }

❸ 日本で勉強した時間が { a 長い / b 短い } だけあって、日本語がとても上手だ。

❹ { a 事務長ともなると、 / b 平社員ともなると、 } いろいろな仕事をしなければならない。

問題 2-2 다음 중 알맞은 것을 고르세요.

❶ 彼は今年二十歳 { a にしては　b ともなると }、子どもみたいだね。
❷ ここは海の近く { a にしては　b だけあって } 魚が特別においしい。
❸ 彼女はデザイン学校を卒業した { a だけあって　b ともなると } 洋服のセンスがいい。
❹ これ、値段 { a のわりに　b だけあって } 品質がよくないね。
❺ プロの料理人 { a にしては　b ともなると } 食材がいいか悪いかはすぐわかるらしい。

 **ポイント3**

▶ 대응을 나타내는 말

1 **～によって** ⇒ ～に対応していろいろ異なる。 ～에 대응해서 여러가지 다르다.

- 国によって言葉も習慣も違う。
- 人によって意見はいろいろだ。
- その日の天気によって、わたしのうちから富士山が見えたり見えなかったりする。

～によっては ⇒ ～の一例を取り出して言うと… ～의 한 예를 들어서 말하면…

- この職場はみんな忙しい。人によっては毎日10時過ぎまで働いている。
- この村には大家族が多い。家によっては4世代10人がいっしょに生活している。
- 今月は忙しいので、場合によっては旅行をキャンセルするかもしれない。

2 **～に応じて（～に応じた）** ⇒ ～が変われば、それに対応して変える。
　　　　　　　　　　　　　　　　　　～이/가 바뀌면 거기에 대응해서 바꾼다.

- ご予算に応じて、いろいろなメニューをご用意いたします。
- 働いた時間に応じてアルバイト代を払います。
- 今度の橋の工事では、必要に応じて働く人の数を増やします。
- そのときの状況に応じたやり方を考えるべきだ。

3 **～次第で** ⇒ ～に対応して異なる・決まる。 ～에 대응해서 다르다・정해진다.

- 新製品は宣伝次第で売れゆきが決まる。
- 動物は扱い方次第で人間を好きになったり怖がったりする。
- 子どもががんばろうという気持ちを持つかどうかは、ほめ方、しかり方次第だ。

～次第では ⇒ ある～の場合は… 어떤 ～의 경우는…

- 台風が近づいている。当日の天候次第では、スポーツ大会は中止になるだろう。
- 今月の営業成績次第では、ぼくはほかの課に行くかもしれない。
- 考え方次第では、テレビがない生活も悪くない。

問題 3-1 다음 중 알맞은 것을 고르세요.

❶ このバスは時間によって { a いつも込んでいる。
　　　　　　　　　　　　　 b 込み方が違う。

❷ このバスは時間によっては { a 込んでいて乗れないこともある。
　　　　　　　　　　　　　　 b 込んでいることもあるし、すいていることもある。

❸ { a 自分のレベルに / b 最高のレベルに } 応じた会話クラスに入るのがいい。

❹ { a 男女 / b 自分の体力 } に応じて練習時間を決めてください。

❺ こちらの言い方次第で、{ a 相手は怒ることもあるし、優しくなることもある。
　　　　　　　　　　　　 b 相手はひどく怒った。

問題 3-2 다음 중 알맞은 것을 고르세요.

❶ 今後、この市では、必要 { a に応じて　b 次第で } 子どものための施設を増やしていきます。

❷ ごみを出すときはリサイクルできるかできないか { a によって　b によっては } 分けてください。

❸ パーティーに来る人の数 { a によっては　b に応じて } ビールの数を決めましょう。

❹ あなたの気持ち { a に応じて　b 次第で } 成功か不成功かが決まると思いますよ。

❺ 子どもの将来の仕事は、親の考え方 { a 次第で　b 次第では } 決まるというものではない。

정리　まとめ

☐ 에서 가장 적절한 것을 a~c 중에 골라 _____ 위에 쓰세요.

A　a 家庭　b 子ども　c 親　d 年齢　e 値段　f おもちゃ

子どもが生まれたら、①_____ として子どもにできるだけのことはしてやりたいと思うだろう。②_____ によってはいつも高いおもちゃを買ってあげているかもしれない。しかし、③_____ のわりには子どもは喜ばない。④_____ にしたら値段なんかわからないのだから、いいおもちゃかどうか値段ではわからない。わたしは、おもちゃは子どもの⑤_____ に応じて、安全で単純なものがいいと思う。

B　a 子ども　b 親　c 公園　d 天気
　　　e よく晴れた日曜日　f 心と体の健康

①_____ にとって友だちとの遊びは何より大切なのだ。だから外で友だちと遊ばせるようにするのがいいと思う。それは②_____ の上でもいいことだ。その日の③_____ によって外で遊べる時間は違うが、それでもいい。④_____ ともなると公園は子どもやその親たちでにぎやかになる。⑤_____ からするとつまらない遊びでも、友だちがいれば子どもは何時間でも楽しむことができる。

6課 명사화 방법「こと」와「の」 名詞化の方法「こと」と「の」

명사는 문장 안에서 주어나 목적어의 기능을 하지만 동사는 원형으로는 명사와 같은 기능을 하지 못합니다. 「こと・の」를 붙여야 합니다.

STARTING TEST スタートテスト

 I 다음 중 알맞은 것을 고르세요.

① わたしの趣味は {a 本を読むのが好きです　b 本を読むことです}。
② あしたは休みなのに、仕事を {a する　b するの} は嫌だなあ。
③ いっしょに {a 食事に　b 食事するのに} 行きましょうよ。
④ {a 山歩き　b 山歩く} は楽しいですよ。
⑤ わたしは {a 旅行　b 旅行する} が好きです。

 II 다음 중 알맞은 것을 고르세요.

① ファックスがあるんだから、わざわざ届けに行く {a こと　b の} はないですよ。
② わたしの仕事は外国人に日本語を教える {a こと　b の} です。
③ わたしは動物が好きだが、特に好きな {a こと　b の} は犬だ。
④ こんな大きいすいかを今まで見た {a こと　b の} がない。
⑤ 先生から今度の試験は難しいという {a こと　b の} を聞いて、心配しています。

 **POINT ポイント1**

▶ 명사화의 기능을 하는 「こと」와 「の」

○　わたしは**料理**が好きです。　　　　　맞는 문장(料理＝명사)
×　わたしは**料理を作る**が好きです。　　틀린 문장(料理を作る≠명사)

＊「こと」나「の」를 붙이면 동사나 형용사를 명사와 같은 기능을 하도록 바꿀 수 있습니다.

×　わたしは　　**料理を作る**　　が 好きです。
　　　　　　　　　≠명사

○　わたしは　　**料理を作る＋こと／の**　　が 好きです。
　　　　　　　　　＝명사

예

| スケート |
| スケートをすること |　は　楽しいです。
| スケートをするの |

| 地震のニュース |
| 地震があったこと |　を　知らなかった。
| 地震があったの |

東京でアパートを探したが　| 部屋代の高さ / 部屋代が高いこと / 部屋代が高いの |　に　驚いた。

問題 1 예와 같이「こと」를 사용한 문장으로 바꿔 써 보세요.

예 田中：わたしの趣味ですか。そうですねえ。暇があると人形を作っています。
→ 田中さんの趣味は**人形を作る**ことです。

① 太郎はまじめです。それが彼の長所です。
→ 太郎の長所は＿＿＿＿＿＿＿＿＿＿＿＿＿＿＿＿ことです。

② みち子：わたしの将来の夢？幼稚園を作りたいんです。
→ みち子さんの将来の夢は＿＿＿＿＿＿＿＿＿＿＿＿＿＿＿＿ことです。

③ この計画、おもしろそうだけど、困ったな。お金がかかりすぎるよ。
→ この計画の問題点は＿＿＿＿＿＿＿＿＿＿＿＿＿＿＿ことだ。

④ あいさつのしかたを覚えなさい。それは新入社員の義務ですよ。
→ ＿＿＿＿＿＿＿＿＿＿＿＿＿＿＿＿＿＿＿ことは新人社員の義務である。

⑤ 田中：すみません、きょうは授業に出られません。先生にそう伝えてください。
ぼく：わかりました。
→ ぼくは＿＿＿＿＿＿＿＿＿＿＿＿＿＿＿＿＿＿＿＿＿＿＿こと を先生に伝えた。

⑥ 田中：きのう大火事があったらしいね。ニュースで言っていたよ。
ぼく：へえ～。知らなかった。
→ぼくは＿＿＿＿＿＿＿＿＿＿＿＿＿＿＿＿＿ことを知らなかった。

⑦ まゆみ：わたし、5月に子どもが生まれるの。でも、まだ両親には話してないの。
→まゆみさんは＿＿＿＿＿＿＿＿＿＿＿＿＿＿＿＿＿ことをまだご両親に話していない。

POINT 포인트2

▶ 「こと」의 용법

*「こと」와 「の」는 명사화하는 기능이 있지만, 항상 같은 쓰임을 하는 것은 아닙니다.

「こと」의 용법(≠の)→(「の」로 바꿀 수 없는 것)

1 Nは…ことです／…ことだ

- わたしの趣味は知らない町を歩くこと(の)です。
- 彼の欠点は時間を守らないこと(の)だ。
- 失敗の原因はよく準備をしなかったこと(の)だ。

2 …ことを〜　⇒　「…」는 전달 등의 내용

「〜」는 전달 등에 관계가 있는 동사(言う (말하다), 話す (이야기하다), 聞く (듣다/묻다), 伝える (전하다), 知らせる (알리다), 祈る (바라다), 約束する (약속하다), 提案する (제안하다) 등).

- 会社を辞めること(の)をもうみんなに話しました。
- あなたがけがをしたこと(の)を聞いてびっくりしましたよ。
- 早くけがが治ること(の)を祈っております。

3 「こと」를 쓰는 문형

<초급에서는>

문형	의미	예문
〜ことができる	可能・不可能 가능・불가능	1,000円で映画を見ることができますか。 あの日のことは決して忘れることができません。
〜ことがある	時には〜 때로는〜	あの人は夜電話してもいないことがあるんです。 大雨の日は電車が遅れることがある。
〜たことがある	経験 경험	わたしは子どものとき、けがで入院したことがある。 この音楽、聴いたことがあるよ。

<중급에서는>

1. **〜ということだ・〜とのことだ** (전문)

  ・社長はきょうは会社に来ないということです。
  ・昔、このあたりに大きい桜の木があったということだ。
  ・ガソリン代がまた値上がりするとのことです。

2. **〜ことに** (감상)

  ・困ったことに、今お金がないんです。
  ・うれしいことに、休日がまた多くなった。
  ・おめでたいことに、山本さんのところに赤ちゃんが生まれたそうですよ。

3. **〜ことは〜が／けれど…** (소극적인 긍정)

  ・この料理、おいしいことはおいしいけれど、高すぎるよ。
  ・あの映画、見たことは見たけど、難しくてよくわからなかった。
  ・合格してうれしいことはうれしいですが、これからのことがちょっと心配です。

4. **〜ことはない** (불필요)

  ・そんなことで心配することはないよ。
  ・新しいものを買うことはありませんよ。わたしのを使ってください。
  ・まだ出発まで時間があります。急ぐことはありません。

5. **그 외**

  *〜ことになる、なっている (결정한 것, 규정을 나타냄)→ 콜럼「する」와「なる」
  *〜ことにする、している (의지 결정, 습관적 행위를 나타냄)
    → 콜럼「する」와「なる」、「する」의 여러가지
  *〜ことだ (충고, 명령을 나타냄)→14課

6課 명사화 방법「こと」와「の」

 **2** 　　　 안에서 가장 적절한 것을 골라 ＿＿＿＿ 위에 쓰세요. (하나의 단어를 두 번 이상 쓸 수 있습니다.)

　　　　　　とのこと　　ことに　　ことは　　ことはない

❶ 驚いた＿＿＿＿＿、こんな季節に桜の花が咲いたんですよ。
❷ 課長の話によると、今年社員旅行はやらない＿＿＿＿＿です。
❸ 残念な＿＿＿＿＿、うちのチームは決勝戦に出られませんでした。
❹ わざわざ図書館に行く＿＿＿＿＿よね。インターネットで調べればいいよね。
❺ A：ご両親と相談しましたか。
　　B：ええ、相談した＿＿＿＿＿したんですが、あまりいい返事はもらえませんでした。
❻ 3月にはご上京＿＿＿＿＿、お会いできるのを楽しみにしております。
❼ このぎょうざ、おいしい＿＿＿＿＿おいしいけど、高すぎるよね。
❽ 何もそんなに怒る＿＿＿＿＿でしょう。ただのゲームなんだから。

POINT ポイント3

▶ 「の」의 용법

「の」의 용법(≠こと)→(「こと」로 바꿀 수 없는 것)

1 **…の** ⇒ 「の」를 수식된 명사 대신에 쓴다.

- あそこで歌を歌っているの(＝人)はだれですか。
- もっと安いの(＝品物)はありませんか。
- 日本へ来たの(＝日)は3月4日です。
- 遅刻したの(＝理由)はバスが遅れたからです。
- 彼女に会ったの(＝場所)は駅前のコーヒーショップです。

2 **…のが/を～** ⇒ 「…」는 감각으로 파악한 소리나 광경이나 감촉 등.
「～」는 감각과 관계가 있는 동사(見える(보이다), 聞こえる(들리다), 見る(보다), 聞く(듣다), 感じる(느끼다) 등).

- 船が港を出ていくの(≠こと)が見える。
- どこかで鳥が鳴いているの(≠こと)が聞こえる。
- 彼の顔が赤いの(≠こと)を見て、お酒を飲んだのだとすぐわかった。
- わたしの名前が呼ばれるの(≠こと)を聞いた。
- 地面が揺れるの(≠こと)を感じた。

3 **…のを～** ⇒ 「～」는 어떤 동작에 상응하는 의미의 동사(手伝う(돕다), 待つ(기다리다), じゃまする(방해하다), 止める(멈추다) 등).

- 母がケーキを作るの(≠こと)を手伝った。
- ここでヤンさんが来るの(≠こと)を待ちましょう。
- テレビを見ているの(≠こと)をじゃましないで。

4 **…のが～** ⇒ 「～」는「早い(빠르다/이르다), 速い(빠르다), 遅い(늦다)」등.

- この植物は大きくなるの(≠こと)が速い。
- 病気に気がつくの(≠こと)が遅かった。

5 「の」를 쓰는 문형

1) …のです / …んです (사정, 경과, 이유 등의 설명)
→ コラム「のです、んです、のだ、んだ」のいろいろ

- 遅刻してすみません。急に友だちが来た**ん**です。
- いろいろ薬を飲んだ**のだ**が、あまりよくならなかった。
- この1週間、忙しくて大変だった**ん**ですよ。

2) …のに～ (목적)　「～」는「いい，便利だ，必要だ，使う」등.

- この辞書は外来語の意味を調べる**のに**いい。
- このテープは聞き取りの練習をする**のに**便利だ。
- わたしはこの袋をごみを入れる**のに**使っています。
- パソコンはグラフを作る**のに**どうしても必要だ。

＊「こと・の」모두 쓸 수 있는 경우

1) 판단, 감정 등을 말할 때
…**こと／の は**～ (형용사문・명사문)

> うそだ (거짓이다), 本当だ (정말이다), 確かだ (확실하다), まちがいだ (틀리다), 正しい (맞다), 変だ (이상하다), ふしぎだ (묘하다), うれしい (기쁘다), 悲しい (슬프다), 心配だ (걱정이다), 好きだ (좋아하다) 등

- 彼が来月アメリカへいく**こと／の**は本当ですか。
- あなたが「ごめんなさい」ということ／**の**は珍しいですね。
- うちの子がテレビばかり見ている**こと／の**は心配だわ。
- 兄が父と同じ道を選んだ**こと／の**は正しかったと思う。

2) 심리적인 행위를 말할 때
…**こと／の を**～ (동사문)

> 信じる (믿다), 喜ぶ (기뻐하다), 心配する (걱정하다), 思い出す (떠올리다), 忘れる (잊다), 知る (알다) 등

- 両親はわたしがまじめに仕事をしている**こと／の**を喜んでいるだろう。
- 弟におみやげを買う**こと／の**を忘れてしまった。
- 去年富士山に登った**こと／の**を思い出しますね。

問題 3-1 예와 같이「の」를 사용한 문장으로 바꿔 써 보세요.

예　今度の旅行はちょっと長いです。2か月後に日本に帰ってきます。
　→ **日本に帰ってくる**のは2か月後です。

❶ 田中　：どうして風邪薬を飲まないんですか。
　わたし：風邪薬を飲むと眠くなるんです。
　→ わたしが＿＿＿＿＿＿＿＿＿＿＿＿＿＿＿のは、飲むと眠くなるからです。

❷ A：あ、人が向こうの山に登っていきますよ。ここからよく見えます。
　→ ここから人が＿＿＿＿＿＿＿＿＿＿＿＿＿のがよく見える。

❸ あれ、泣き声が聞こえるね。子どもが泣いているようだね。
　→ ＿＿＿＿＿＿＿＿＿＿＿＿＿＿のが聞こえる。

❹ 先生：だれかちょっと手伝ってください。教室の机を外に出すんです。
　学生：いいですよ。みんなでやります。
　→ 学生たちは先生が＿＿＿＿＿＿＿＿＿＿＿＿＿＿＿＿のを手伝った。

❺ 早く気がついてよかったね。遅かったら大変なことになったと思うよ。
　→ ＿＿＿＿＿＿＿＿＿＿＿のが早かったから、大変なことにならなかった。

❻ A：あの山の上まで行きたいんですが、どのくらいかかるでしょうか。
　B：3時間ぐらいだね。
　→ ＿＿＿＿＿＿＿＿＿＿＿＿＿＿のに3時間ぐらいかかるそうだ。

問題 3-2「の」와「こと」중 적절한 것을 넣으세요.

❶ わたしの部屋から夕日が沈む＿＿＿がよく見えます。
❷ そんな人に会った＿＿＿はない。
❸ この料理を作る＿＿＿にどんな材料が必要ですか。
❹ きのう田中さんが買った＿＿＿はどの本ですか。
❺ 時々新聞を読まないで会社に行く＿＿＿がある。
❻ 暇なら部屋を片づける＿＿＿を手伝ってくれませんか。
❼ 駅で彼女が来る＿＿＿をずっと待っていた。
❽ うれしい＿＿＿に、1週間も休みがとれた。
❾ わたしたちの願いは安心して生活できるようになる＿＿＿だ。
❿ このゲーム、難しい＿＿＿は難しいけど、おもしろくてやめられない。

POINT ポイント4

▶ 그 외의 명사화 방법

품사	방법	예
동사	같은 의미의 명사를 사용한다	物を買う → 買い物 山に登る → 登山 本を読む → 読書 ご飯を食べる → 食事 飲む・食べる → 飲食
	「ます」를 뗀다	驚きます → 驚き 喜びます → 喜び 流れます → 流れ 山を歩きます → 山歩き ケーキを作ります → ケーキ作り 階段を上ります・下ります → 階段の上り下り
	する동사의 명사부분을 사용한다	洗濯する → 洗濯 日本語を勉強する → 日本語の勉強 帰国する → 帰国
형용사	어간에 「さ」를 붙인다	速い + さ → 速さ 寒い + さ → 寒さ 空が青い + さ → 空の青さ 立派な + さ → 立派さ

問題 4 ( ) 안의 단어를 명사로 바꿔서 _____ 위에 쓰세요.

❶ 犬は尻尾を振って＿＿＿＿＿を表す。（喜ぶ）

❷ わたしは＿＿＿＿＿が得意です。（泳ぐ）

❸ 君の＿＿＿＿＿は普通じゃないよ。（部屋が汚い）

❹ ぼくは＿＿＿＿＿があまり好きじゃないんだ。（部屋を掃除する）

❺ この服は＿＿＿＿＿が目立つね。（汚れる）

❻ 彼女の＿＿＿＿＿にはびっくりしたよ。（足が速い）

❼ うちの子どもたちはいろいろな＿＿＿＿＿を知っている。（遊ぶ）

❽ この街の＿＿＿＿＿と＿＿＿＿＿がわたしは好きなんです。
（にぎやか・便利）

❾ あのレストランで＿＿＿＿＿をしましょう。（ご飯を食べる）

❿ わたしの仕事は＿＿＿＿＿＿＿＿＿です。（美術品を売る・買う）

정리 まとめ

틀린 문장이 하나 있습니다. a~c 중에서 골라 ×표시를 하세요.

❶ ストレス解消には { a 買い物 / b 物を買う / c 買い物をするの } がいちばんいい。

❷ 山田：川村君は { a 料理作る / b 料理を作るの / c 料理を作ること } が好きだね。

❸ 川村：ええ、わたしの趣味は { a 料理 / b 料理を作ること / c 料理を作るの } です。

❹ { a 散歩 / b 散歩する / c 散歩するの } は楽しいなあ。

❺ きのうディズニーランドへ行ったんだけど、{ a 人が多い / b 人が多いこと / c 人の多さ } にびっくりした。

❻ { a 階段を上り下り / b 階段の上り下り / c 階段を上ったり下りたりするの } は大変だ。

❖「のです・んです・のだ・んだ」のいろいろ

「の」はくだけた話し方では「ん」になります。「の」는 편안한 말투에서는 「ん」이 됩니다.

確認 확인	<旅行の時間表を見て>ああ、パリには３日泊まるんだ。 <天気予報を聞いて>やっぱり、きょうは雨なんだ。 <大きいかばんを持っているのを見て> あれ、どこかへご旅行なんですか。
事情や理由を説明 사정이나 이유를 설명	お先に失礼します。きょうは夫の誕生日なんです。 バスが来なくて、遅れたんです。
説明を要求 설명을 요구	もう夜中の２時なのに、何をしているんですか。 どうしてきのうは来なかったんですか。
主張 주장	だれがなんと言っても、わたしは留学するんだ。 子ども：嫌だ。ぼくは学校へ行きたくないんだ。
納得・まとめ 납득・결말	A：今朝はマイナス２度だったそうだよ。 B：あ、だから、寒かったんだ。 日本は本当に山が多い。日本はやはり山国なのだ。
命令・説得 명령・설득	父：太郎、もう９時だよ。テレビを消して、早く寝るんだ。 祖母：ちいちゃん、字はていねいに書くんだよ。
後悔 후회	ああ、夏休みの宿題を早くからやっておくんだった。 祖母にもっと優しくするんだった。

7課 복문구조 −복문 안의「は」와「が」· 시제−
複文構造 −複文の中の「は」と「が」·時制−

> 큰 문장 안에 작은 문장이 들어있는 문장(주어가 두개 이상인 문장)을 복문이라고 합니다. 복문에서는「は」와「が」의 쓰임과 시제의 쓰임이 중요합니다.

STARTING TEST スタートテスト

問題 1 다음 중 알맞은 것을 고르세요.

① 祖母 {a は　b が} 出かけるとき、いつも傘を持っていきます。
② 母はわたし {a は　b が} 合格するようにと毎日祈ってくれた。
③ 子ども {a は　b が} かいた絵を部屋に飾りましょう。
④ 君 {a は　b が} パーティーに来なかったから、寂しかったよ。
⑤ 母 {a は　b が} 旅行している間、わたしに毎日電話をくれた。

問題 2 다음 중 알맞은 것을 고르세요.

① わたしはうちに {a 帰る　b 帰った} とき、いつもスーパーに寄ります。
② きのううちに {a 帰る　b 帰った} とき、駅でヤンさんに会いました。
③ 来月国へ {a 帰る　b 帰った} とき、母に日本のおみやげをあげよう。
④ 来月国へ {a 帰る　b 帰った} とき、日本のおみやげを買うつもりだ。
⑤ この飛行機は明日の朝、日本に着く。わたしが家に帰ったときには、子どもはもう学校へ {a 行った　b 行っている} だろう。

▶ 복문 안의「は」와「が」

*다음과 같은 구조의 문장을 복문이라고 합니다.

> わたしは 子どもが 寝てから テレビを見る。
>
> 大きい文 큰 문장　　わたしはテレビを見る。（主語 주어　→　わたし）
> 小さい文 작은 문장　子どもが寝てから　　（主語 주어　→　子ども）

*복문 안의「は」와「が」

1 　큰 문장의 주어와 작은 문장의 주어가 다를 때　　小さい文の主語 작은 문장의 주어 →　が

　　カンさんは わたしが忙しいから よく手伝ってくれる。

　・わたしは店長がいない間一人で店を守っていた。
　・ヤンさんが来たとき、わたしはちょうどお風呂に入っていた。
　・わたしたちがビデオを見始めたところに、大山さんが電話をかけてきた。

2 　큰 문장의 주어와 작은 문장의 주어가 같을 때　　小さい文の主語 작은 문장의 주어 →　없어진다

　　カンさんは ~~カンさんが~~忙しいから あまり手伝ってくれない。

　・わたしは もし ~~わたしが~~ 引っ越すとしたら、いらないものは全部捨てる。
　・~~わたしが~~ つきあっているうちに わたしは彼女が好きになった。
　・もし ~~わたしが~~ 失敗したら、わたしが責任をとります。

3 　「…と言う／思う」의「…」안에서는　　「は」「が」 →　그대로

　　父は 母は買い物に行った と言った。

　・わたしは 弟はきっと優勝する と思う。
　・わたしはもし首相が新しい案を出せば 外国との関係はよくなる と考えている。

問題 1 다음 중 알맞은 것을 고르세요.

❶ うちの犬はわたし｛が　は｝帰ってくるととても喜ぶ。
❷ 赤ちゃん｛が　は｝よく眠れるように、テレビの音を小さくした。
❸ 最近、わたし｛が　は｝、父｛が　は｝昔話をしてくれたことをよく思い出す。
❹ 田中さん｛が　は｝来たら、これを見せようよ。
❺ ヤンさん｛が　は｝来た後、すぐにカンさんも来た。
❻ おじ｛が　は｝日本に帰ってくるたびにおみやげをくれる。
❼ たとえわたし｛が　は｝病気になっても、この子たち｛が　は｝大丈夫だろう。
❽ 先生｛が　は｝よくお世話をしてくださるから、子どもたちは楽しく過せるのです。
❾ あなた｛が　は｝そんなことを言うなら、もう別れましょう。
❿ みちこ｛が　は｝わたし｛が　は｝あげた本をすぐなくしてしまった。
⓫ ぼく｛が　は｝あんなに注意したのに、君｛が　は｝また遅刻したね。
⓬ わたし｛が　は｝カンさん｛が　は｝パーティーに来ないと思う。

POINT ポイント2

▶ 복문의 시제

1 큰 문장은 지금(말하고 있는 때)으로 봐서 과거의 일은 과거형(た형)으로 나타냅니다.

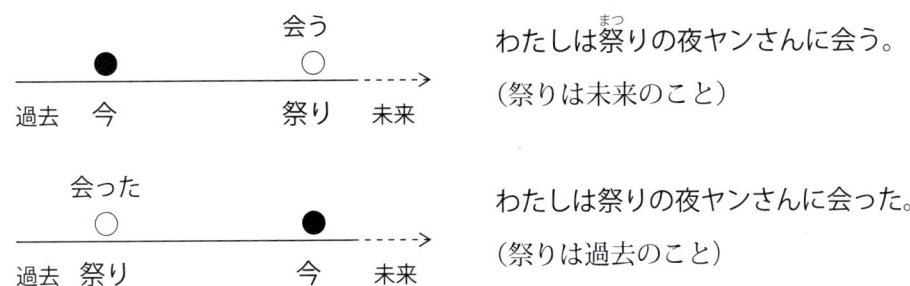

わたしは祭りの夜ヤンさんに会う。
（祭りは未来のこと）

わたしは祭りの夜ヤンさんに会った。
（祭りは過去のこと）

2 작은 문장은 지금(말하고 있는 때)과는 관계없이 큰 문장과의 시간적인 전후관계로 과거형(た형)으로 나타낼지, 현재형으로 나타낼지가 결정됩니다.

A　小さい文の方が前　작은 문장이 앞

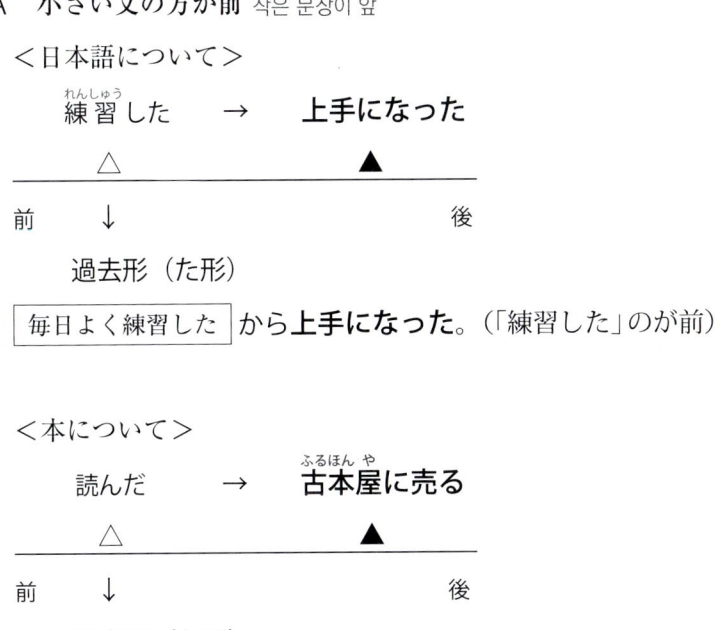

毎日よく練習した から上手になった。（「練習した」のが前）

読んだ 本はみんな古本屋に売る。（「読んだ」のが前）

B　小さい文の方が後 작은 문장이 뒤

＜ペンについて＞

いいもの を買った　→　使う
━━━━━━━━━▲━━━━━━━△━━━━━
前　　　　　　　　　　↓　　　　　後
　　　　　　　　　　現在形(げんざいけい)

毎日よく使う から **いいものを買った**。(「使う」のが後)

＜本について＞

古本屋(ふるほんや)で買う　→　読む
━━━━━━━━━▲━━━━━━━△━━━━━
前　　　　　　　　　　↓　　　　　後
　　　　　　　　　　現在形

読む **本はみんな古本屋で買う**。(「読む」のが後)

3　큰 문장에 「ている형」[주]을 사용하면 작은 문장보다 앞서 일어난 일을 나타냅니다.

＜会場に到着(とうちゃく)する時間について＞

みんな来ていた　→　着いた
━━━━━━━━━▲━━━━━━━△━━━━━
前　　　　　　　　　　↓　　　　　後
　　　　　　　　　過去形（た形）

わたしが会場に着いた ときには、**もうみんな来ていた**。(みんな来た後　→　着いた)

＜卒業(そつぎょう)するときについて＞

30歳になっている　→　卒業する
━━━━━━━━━▲━━━━━━━△━━━━━
前　　　　　　　　　　↓　　　　　後
　　　　　　　　　　現在形

この学校を卒業する ころは、**わたしはもう30歳(さい)になっている**。

（30歳になった後　→　卒業する）

[주] ている形 → 여기서는 행위의 결과가 그대로 남겨져 있는 것을 나타내는 표현

* 작은 문장이 상태를 나타낼 때는 시간의 차이가 없으므로 위의 규칙은 사용하지 않습니다.
- 先生は言葉がよくわからない人のためにていねいに説明した。
- 運転ができる人は車でキャンプに参加した。

問題 2-1 다음 중 알맞은 것을 고르세요.

① あしたいちばん早く学校へ｛a 来る　b 来た｝人は机を並べておいてください。
② 田中さんはイタリア語が｛a わかる　b わかった｝人を探していました。
③ 人のお世話に｛a なる　b なった｝ときは、「ありがとうございました」と言うべきだ。
④ 旅行中撮った写真は、今度｛a 会う　b 会った｝ときに持っていきます。
⑤ 旅行中撮った写真は、今度｛a 会う　b 会った｝ときにお見せします。
⑥ わたしはいつも、電車の中で｛a 読む　b 読んだ｝新聞を買ってから、駅のホームに入る。
⑦ わたしはいつも、電車の中で｛a 読む　b 読んだ｝新聞を会社に置いてくる。
⑧ あした、わたしがこの夏休みに｛a 撮る　b 撮った｝写真を持ってきます。
⑨ 火事などの災害が｛a 起こる　b 起こった｝場合は、非常口から外に出てください。
⑩ 交番の人がていねいに｛a 説明してくれる　b 説明してくれた｝おかげで、彼のうちはすぐわかった。

問題 2-2 다음 중 알맞은 것을 고르세요.

① 窓を開けたら、虫が｛a 入ってきた　b 入ってきていた｝。
② わたしが学校に着いたとき、授業はもう｛a 始まった　b 始まっていた｝。
③ 今度お会いするころにはわたしは家庭を｛a 持つ　b 持っている｝でしょう。
④ お客様が来たとき、わたしは｛a 出かけた　b 出かけていた｝。
⑤ わたしが表玄関から家に入ったとき、だれかが裏口から｛a 逃げた　b 逃げていた｝。

정리　まとめ

다음 중 알맞은 것을 고르세요.

　　わたし①｛が　　は｝、そばに犬②｛が　　は｝いると、つい犬に話しかけてしまう。もちろん犬③｛が　　は｝人間④｛が　　は｝何を言っても完全にわかるわけではないが、こちらの気持ちは伝わるのだろう。わたし⑤｛が　　は｝「だめ！」と⑥｛言う　　言った｝ときは、犬は悲しそうに下を向く。わたし⑦｛が　　は｝仕事に⑧｛出かける　　出かけた｝ときは寂しそうに見送ってくれるし、帰って⑨｛くる　　きた｝ときは「待っていたんですよ」という顔で「ワンワン」と言う。郵便屋さん⑩｛が　　は｝⑪｛来る　　来た｝ときも「ワンワン」と言って教えるし、何か悪いことを⑫｛する　　した｝ときには「ごめんなさい」という顔をする。犬は言葉を持っていないが、この犬⑬｛が　　は｝考えていることがわたしにはわかる。この犬⑭｛が　　は｝10歳になるころには、わたし⑮｛が　　は｝犬語の通訳ができるように⑯｛なった　　なっている｝かもしれない。心は言葉⑰｛が　　は｝なくても表せるものだと、わたし⑱｛が　　は｝思う。

8課 명사수식 名詞修飾

「世界でいちばん高い山」「きのう買った本」등 명사를 설명하는 표현을 초급에서 학습했습니다. 중급에서는 약간 복잡해지지만, 기본적인 방법은 같습니다.

STARTING TEST スタートテスト

問題 I 예와 같이 □ 의 명사를 설명하고 있는 곳에 밑줄을 그으세요.

예 <u>きのう、父が作ってくれた</u> 料理 はおいしかったです。

① 顔を洗う せっけん をください。
② わたしはあした祭りがある 広場 に行ってみた。
③ 隣の家からピアノを弾く 音 が聞こえてきます。
④ ここにはごみの問題について書かれた 本 が並んでいる。
⑤ 新潟で地震があったという ニュース は本当ですか。

問題 II □ 에서 알맞은 단어를 골라 그 기호를 _____ 위에 쓰세요.

　　a 心配　　b 計画　　c スピード　　d 原因　　e 経験

① 日本人の話すことが聞き取れなかったという_____がわたしにはよくある。
② 日本語の試験でいい点数が取れなかった_____も、聴く力が弱いからだと思う。
③ 聞き取りの練習のために、毎日テレビのニュースを見ているが、アナウンサーがしゃべる_____についていけない。
④ このまま、聞き取れるようにならないのではないかという_____がある。
⑤ それで、来週からはテープに録音して、もう一度聞くという_____を立てた。

 **POINT ポイント1**

▶ 명사수식의 용법

1. 명사수식(명사를 설명하는 부분)은 길어도 짧아도 반드시 명사의 앞에 옵니다.

    예 わたしが書いた 文
    　　――――――――↑
    　　　　　（名詞修飾）

    きのうみち子がデパートで買った くつ
    ―――――――――――――――↑
    　　　　　（名詞修飾）

2. 명사를 설명하는 부분과 명사와의 관계

    ① 조사「が・を・で・へ・に」의 관계로 연결되는 것

    예 （バスが東京駅へ行きます）　→　東京駅へ行く バス

    　　（きのう本を読みました）　→　きのう読んだ 本

    　　（店で弁当を買います）　→　弁当を買う 店

    　　（毎日公園へ行きます）　→　毎日行く 公園

    　　（電車に乗ります）　→　乗る 電車

    ② 내용의 관계로 연결되는 명사수식

    예 （この薬を飲むと元気が出ます）　→　飲むと元気が出る 薬

    　　（大きい声で赤ちゃんが泣いています）　→　赤ちゃんが泣いている大きい 声

    　　（この小説を読んで泣いてしまいました）　→　読んで泣いてしまった 小説

3. 정보의 내용을 나타내는 경우는「という」를 넣습니다.

    예 大地震があった という ニュース を聞いた。
    　　――――――――――――↑
    　　　　　ニュースの内容

    自分だけよければいい という 考え はよくない。
    ―――――――――――――――↑
    　　　　　考えの内容

問題 1 _____(명사)를 설명하는 부분에 밑줄을 그으세요.

예 北海道には<u>わたしが前から行きたいと思っている</u>**所**がたくさんある。

① 田中さんは<u>自分がいちばん影響を受けた</u>**人**について話した。
② みんなで<u>教科書に書いてあった</u>**こと**について図書館で調べてみよう。
③ わたしはきのうの夜<u>家族といっしょにアメリカへ行く</u>**夢**を見た。
④ これは<u>飲むと眠くなる</u>**薬**だから、車を運転する日は飲まないほうがいいよ。
⑤ あれ、<u>魚を焼いている</u>**におい**がするね。
⑥ 彼はきのう<u>マリさんがあんなに怒った</u>**理由**がわからないらしい。
⑦ ここから<u>ある有名な俳優が店から出てくる</u>**姿**が見えた。
⑧ わたしは<u>困ったときいつも助けてくれる</u>**人**がいればいいなあと思う。

POINT ポイント2

▶ 명사수식 만드는 법

*명사수식 안의 규칙

1 普通形(plain form) ＋ 名詞

来年アメリカへ行く 予定 がある。

명사 앞에 「の」는 들어가지 않습니다. → 母が作った の 料理 が好きです。

2 동사의 주체는 「が」(「は」는 쓰지 않습니다.)

わたしが(は)いつも行く 店
かえるが(は)池に飛び込む 音

3 「が」는 「の」로 바꿔 쓸 수 있습니다.
  (바로 뒤에 다른 명사가 있어서 구별하기 힘들 때는 「が」를 씁니다.)

雨が(＝の)多い 季節
わたしが(＝の)公園でとった 写真

4 상태를 나타내는 「〜ている」는 「〜た」로 바꿔 쓸 수 있습니다.
  (동사를 나타내는 「が」는 바꿔 쓸 수 없습니다.)

汚れている服 ＝ 汚れた服
めがねをかけている人 ＝ めがねをかけた人
ピアノを弾いている人 ≠ ピアノを弾いた人

問題 2-1 ＿＿＿의 부분을 힌트로 해서 ＿＿＿위에 명사를 설명하는 단어를 쓰세요.
( )속에는 　　　에서 적당한 단어를 골라 쓰세요.

예　　道　　A：教会はどこでしょうね。
　　　　　　B：どう行けばいいんでしょう。
　　　　　　A：あの交番で **教会へ行く** （ **道** ）を聞いてきます。

A　　　　　　　　日　　所（ところ）　お金　時間　人

❶ A：山へはだれといっしょに行くんですか。
　B：まだ＿＿＿＿＿＿＿＿（　　　）は決めていません。

❷ A：今度の展示会には100万円ぐらいかかりました。
　B：＿＿＿＿＿＿＿＿（　　　）はだれが払うんですか。

❸ 学生：先生は何時から何時まで学校にいらっしゃいますか。
　先生：わたしが＿＿＿＿＿＿＿＿（　　　）は決まっていないんですよ。

❹ A：この花は珍しいですね。どこへ行けば見られますか。
　B：わたしは＿＿＿＿＿＿＿＿（　　　）を知っています。今度いっしょに行きましょう。

❺ A：来週、CDプレーヤーを返しに行ってもいい？日にちはまだわからないけど。
　B：いいよ。じゃ、うちへ＿＿＿＿＿＿＿＿（　　　）が決まったらケータイに電話して。

B　　　　　　　話　心配　方法　理由　仕事

❶ A：料理を作るときはエプロンをしないと服が汚れますよ。
　 B：そうですね。エプロンをすれば＿＿＿＿＿＿＿＿（　　）はありませんね。

❷ 田中：ヤンさんはどうしてあしたの会に参加できないの？
　 ヤン：わたしが＿＿＿＿＿＿＿＿（　　）はひ・み・つ……。

❸ A：アンさんは国へ帰るそうですね。
　 B：ええ、＿＿＿＿＿＿＿＿という（　　）はわたしも先週聞きました。

❹ A：わたしの仕事ですか？　今、日本語を教えているんですよ。
　 B：そうですか。＿＿＿＿＿＿＿＿（　　）は楽しいでしょう。

❺ A：どうすれば料理が上手になるんでしょうね。
　 B：＿＿＿＿＿＿＿＿（　　）を教えましょうか。それはおいしいものをたくさん食べることですよ。

問題 2-2 알맞은 조사를 고르세요. (답은 하나 일 때도, 두 개일 때도 있습니다.)

❶ ヤンさん｛が　は　の｝書く文はいつもおもしろい。
❷ ヤンさんほど文｛が　は　の｝上手な人はいない。
❸ ヤンさん｛が　は　の｝田中先生に書いた手紙を読んだことがある。
❹ 田中先生は、ヤンさん｛が　は　の｝日本語を習った先生だ。
❺ ヤンさん｛が　は　の｝作文をよく書くようになった理由は、田中先生が上手に指導したからだ。
❻ 田中先生｛が　は　の｝日本語を教える日は週1回しかない。
❼ 田中先生が書いた『わたし｛が　は　の｝考えた文章作法』という本がよく売れているらしい。

問題 2-3 다음 _____ 안의 「ている」는 「た」가 되나요? 되는 것에는 ○, 안 되는 것에는 ×표시를 하세요.

例 汚れているシャツは早く洗いなさい。（＝汚れたシャツ　○　）
　　歌を歌っている人はまり子さんです。（＝歌った人　×　）

❶ あそこに立っている人はだれですか。（＝立った人　　　）

❷ ああ、あの方は歴史を教えている中山先生です。（＝教えた中山先生　　　）

❸ いえ、あの白いシャツを着ている男性ですよ。（＝着た男性　　　）

❹ ああ、ジーンズをはいている男ですか。あれはぼくの兄です。（＝はいた男　　　）

❺ お兄さんは穴があいているジーンズが好きなんですか。（＝あいたジーンズ　　　）

❻ 流行なんですよ。あれは田中先生からのプレゼントで、兄が大切にしているジーンズなんです。（＝したジーンズ　　　）

❼ 田中先生はいつもかわいいぼうしをかぶっているでしょう。
（＝かぶった　　　）

❽ ええ、リボンがついているすてきなぼうし。あのぼうしはぼくの兄がプレゼントしたんです。
（＝ついたすてきなぼうし　　　　）

정리 まとめ

다음 두 개의 문장을 명사를 설명하는 표현으로 바꿔, 한 문장으로 만드세요.

❶ ニュースを見ましたか。林の中で１千万円が見つかったそうですよ。
　→＿＿＿＿＿＿＿＿＿＿＿＿＿＿＿＿＿＿＿＿＿＿＿＿というニュースを見ましたか。

❷ 国の母から手紙が来ました。姉に男の子が生まれたんです。
　→国の母から＿＿＿＿＿＿＿＿＿＿＿＿＿＿＿＿＿＿＿＿＿という手紙が来ました。

❸ 野菜を作るときには農薬を使わないほうがいいですよね。わたしはこの意見に賛成です。
　→わたしは＿＿＿＿＿＿＿＿＿＿＿＿＿＿＿＿＿＿＿＿＿という意見に賛成です。

❹ 今月はお金が足りるかなあ。わたしはいつもこんな心配をしているんですよ。
　→わたしはいつも＿＿＿＿＿＿＿＿＿＿＿＿＿＿＿＿＿＿＿という心配をしています。

❺ お知らせ、見た？「来週このあたりで水道工事が始まります」って書いてあったよ。
　→＿＿＿＿＿＿＿＿＿＿＿＿＿＿＿＿＿＿＿＿＿＿＿というお知らせ、見た？

✤ 「する」のいろいろ

(意志的)	A ～をする	(無意志的)
1. 動作を表す　テニスをする 　行동을 나타낸다		5. 形や様子を表す　赤い顔をしている 　형태나 모습을 나타낸다
2. 職業や地位を表す　先生をしている 　직업이나 지위를 나타낸다		6. 病気　けが　　病気をする 　병・부상　　　けがをする
3. 服装　　　　　ネクタイをする 　복장　　（ネックレス・指輪・時計など） 　　　　（목걸이・반지・시계 등）		
4. 元の状態を変える　世界を平和にする 　원래의 상태를 바꾼다		

B ～がする
7. 感覚を表す　　いいにおいがする 　감각을 나타낸다　（音・味・声など） 　　　　　　　（소리・맛・음성 등）
8. 体の状態　　　めまいがする 　몸 상태　　（吐き気・寒気・頭痛など） 　　　　（구토・오환・두통 등）

C ～(こと／よう)にする
9. 意志の決定を表す　의지의 결정을 나타낸다 　　　　昼はAランチにする 　　　　来週行くことにする
10. 努力目標を表す　노력목표를 나타낸다 　　　　なるべく早く起きるようにする

D する
11. 時間　　30分したらまた来てください。 　시간
12. 値段　　この土地はどのぐらいしますか。 　가격

9과 복문을 만드는 말 1 -시간- 複文を作る言葉1 －時間－

초급에서는 시간을 나타내는 말로 「～とき・～間（に）・～てから・～前に・～後で」 등을 학습했습니다. 중급 레벨에서는 더 많이 학습해서 경우에 따라 맞게 가려서 씁니다.

STARTING TEST スタートテスト

 　　에서 가장 알맞은 것을 골라, 그 기호를 _____ 위에 쓰세요.

> a たびに　　b つけて　　c 折（おり）　　d うちに　　e 最中（さいちゅう）に

① マリアさんが歌っている_____、林さんが急に大声を出した。
② この音楽を聞くに_____、小学校の卒業式のことを思い出す。
③ 会長には、昨日お目にかかった_____、ごあいさついたしました。
④ 電車に乗っている_____、いつの間にか眠ってしまった。
⑤ マリさんは会う_____新しいバッグを持ってくる。

> a とたん　　b 次第（しだい）　　c はじめて　　d 以来（いらい）　　e からでないと

⑥ 会の日にちと時間が決まり_____お知らせします。
⑦ チケットを買って_____入場できません。
⑧ 日本に来て_____ずっと神戸に住んでいます。
⑨ 箱のふたを開けた_____人形が飛び出した。
⑩ 子どもを持って_____父と母の気持ちがわかった。

POINT ポイント1

▶ 시점·시간 폭을 나타내는 말

<초급에서는> 本を読むとき、めがねをかけます。
　　　　　　 日本にいる間、ずっと横浜に住んでいた。
　　　　　　 日本にいる間に、一度富士山に登りたい。

A 「〜とき」

1 **〜際(に)** ⇒ 〜とき… 〜때 격식있는 장면에서 사용한다.

　　　　　　　動詞辞書形/ た形、名詞の ＋ 際(に)

- この割引券は次回ご来店くださった際にお使いいただけます。
- 金額を訂正する際は、訂正印を押してください。
- お帰りの際はお忘れもののないようにお願いいたします。

2 **〜折(に)** ⇒ 〜のようないい機会に… 〜처럼 좋은 기회에…
　　　　　　　　약간 격식있는 장면에서 사용한다.

　　　　　　　動詞辞書形/ た形、名詞の ＋ 折(に)

- 次回お目にかかる折に、きょう撮った写真を持って行きます。
- 今度ご上京の折には、どうぞわたしの店にお寄りください。
- 昨年オーストリアに行った折、モーツァルトが生まれた家を見た。

3 **〜たびに** ⇒ 〜のときは毎回同じことになる・同じことをする。
　　　　　　　　〜의 때는 매번 같은 일이 일어난다·같은 일을 한다.

　　　　　　　動詞辞書形、名詞の ＋ たびに

- 北海道の天気予報を見るたびに、ふるさとのことを思い出す。
- 彼はふるさとに帰るたびに、小学校のときの先生を訪ねた。
- 散歩のたびに、わたしは公園の写真を撮っています。

4 **〜につけて** ⇒ 〜のときいつも同じ気持ちになる。〜의 때 항상 같은 기분이 든다.

　　　　　　　動詞辞書形 ＋ につけて

- 柿を食べるにつけて、よく柿をむいてくれた祖母のことを思い出す。
- 新聞でいじめの事件を読むにつけて心が痛む。
- 子どもたちの遊び方を見るにつけて、彼らの将来のことが心配になる。

B 「間(に)」

1 ～うちに ⇒ ～の間に初めの状態が変化した。~의 동안에 처음 상태가 변화했다

動詞辞書形/ている形/ない形、名詞の + うちに

- 料理は下手だったが、毎日やっている**うちに**いろいろ作れるようになった。
- テレビを見ていたが、気がつかない**うちに**眠ってしまった。
- ここ2、3年の**うちに**、ガソリン代が大きく値上がりした。

2 ～最中(に) ⇒ ～しているときに… ~하고 있을 때…

動詞ている形、名詞の + 最中に

- 大切な話し合いの**最中に**子どもから電話がかかってきた。
- 課長が仕事の説明をしている**最中に**、田中さんは突然立ち上がった。
- 今、大切な手紙を書いている**最中**だから、そのことは後で話そう。

問題 1-1 다음 중 알맞은 것을 고르세요.

❶ この大皿は { a 朝ごはんを食べる際に / b 大勢の人が集まって食事をする際に } 使う。

❷ 先月 { a 旅行した折に、 / b 入院した折に、 } 新しいかばんを買った。

❸ 母には { a 60歳のお祝いをするたびに、 / b 誕生日のお祝いをするたびに、 } 赤いばらの花をプレゼントする。

❹ テレビでこの歌を聞くにつけて、 { a わたしもいっしょに歌う。 / b 子ども時代のことを思い出す。 }

❺ 彼のこと、つきあっているうちに { a 嫌いになってしまった。 / b 嫌いだった。 }

❻ { a 話し合いをする / b 話し合いをしている } 最中はケータイを切れよ。

問題 1-2 다음 중 알맞은 것을 고르세요.

❶ ここの写真を見る { a うちに b につけて } 15歳のころのことを思い出します。

❷ この体育館は4年前に全国スポーツ大会が行われた { a 際に b 最中に } 建てられた。

❸ 事故が起きた { a 折には b 際には }、この通報ボタンを押してください。

❹ 面接試験を受けている { a うちに b 最中に } ケータイが鳴ってしまった。

❺ わたしのパソコンはメールが来る { a たびに b につけて } ピーという音がする。

❻ 父は外国に行く { a 折に b たびに }、毎回その国の人形を買ってくる。

POINT ポイント2

▶ 두 개의 일이 동시인지 직후에 일어났는지를 나타내는 말

<초급에서는> 会長が来たらすぐに出発しましょう。
わたしはいつも起きるとすぐに窓を開ける。

1 **〜たとたん** ⇒ 〜と同時に、そのことがきっかけで別のことが起きる。
〜와/과 동시에, 그 일을 계기로 다른 일이 일어난다.

動詞た形 + とたん

・窓を開けたとたん、冷たい風が入ってきた。
・今朝、起き上がったとたん、頭がふらふらした。
・A選手がホームランを打ったとたん、野球場の空に花火があがった。

2 **〜かと思うと・〜かと思ったら** ⇒ （第3者が）〜と、すぐに次のことが続く。
(제3자가) 〜자마자 곧 다른 일이 이어진다.

動詞た形 + かと思うと・かと思ったら

・子どもはベッドに入ったかと思うと、すぐに眠ってしまった。
・紙にパッと火がついたかと思うと、たちまち大きい炎になった。
・弟はやっと仕事を見つけたかと思ったら、もう辞めてしまった。

3 **〜か〜ないかのうちに** ⇒ 〜と、ほとんど同時に次のことが続く。
〜자마자 거의 동시에 다른 일이 이어진다.

動詞辞書形/た形＋か＋動詞ない形 + かのうちに

・彼女は「さよなら」と言ったか言わないかのうちに、もう走っていってしまった。
・ベルが鳴るか鳴らないかのうちに、学生が教室から出てきた。
・今朝うちの犬はご飯を食べたか食べないかのうちに、全部吐いてしまった。

4 **〜次第** ⇒ 〜たら、すぐに次の意志的行動をする。 〜면/으면 곧 다음 의지적 행동을 한다.

動詞(ます) + 次第

・はっきりしたことがわかり次第、お知らせいたします。
・準備ができ次第、会場にご案内いたします。
・この仕事が終わり次第、次の仕事を始めてくれ。

問題 2-1 다음 중 알맞은 것을 고르세요.

① 椅子から立ち上がったとたん、{ a 椅子が倒れた。 / b おじぎをしなさい。 }

② { a わたしは / b 夫は } 家に帰ったかと思うと、すぐまた出かけた。

③ 一つの仕事が終わったか終わらないかのうちに、{ a すぐまた次の仕事が来る。 / b すぐまた次の仕事を始めよう。 }

④ お金が入り次第 { a そちらに送ろうと思います。 / b そちらに送りました。 }

問題 2-2 다음 중 알맞은 것을 고르세요.

① わたしが彼にお金を渡したか {a 渡さないかのうちに　b と思うと}、彼はすぐ部屋を出ていった。
② 彼女は一つ目のケーキを食べた {a か食べないかのうちに　b とたん}、すぐまた次を食べ始めた。
③ 彼は部屋を出ていった {a とたん　b かと思うと} またすぐ戻ってきた。
④ 会議の結論が {a 出次第　b 出たかと思うと} みなさんに発表いたします。
⑤ 一口お酒を {a 飲み次第　b 飲んだとたん} 気分が悪くなってしまった。

POINT 포인트 3

▶ 시간적 전후를 나타내는 말

<초급에서는> 説明書をよく読んでから使ってください。
　　　　　　会社へ行く前に、歯医者に寄る。
　　　　　　この薬は晩ご飯を食べた後で飲んでください。

A 「〜前に」

1　〜うちに　⇒　後では実現が難しいから、〜前に・〜間に…
　　　　　　　　나중에는 실현하기 어려우니까 ~전에 · ~동안에…

　　　　　　動詞辞書形/ている形/ない形、イ形容詞い、ナ形容詞な、名詞の + うちに

- 体が丈夫なうちに日本のあちこちの山に登ってみたい。
- 親が生きているうちに親孝行しなければ、と思うんですよ。
- 新しいゲームソフトが売り切れないうちに、早く買いに行こうよ。
- 学生のうちに、世界一周旅行をしたい。

2　〜に先立って　⇒　準備のために〜の前に、前もって… 준비를 위해 ~기 전에, 미리…

　　　　　　動詞辞書形、名詞 + に先立って

- 引っ越しに先立って、古い本や道具を整理した。
- 来月の修学旅行に先立って、先生たちが現地調査に行った。
- スポーツ大会を行うに先立って、いろいろな準備をしなければならない。

B 「〜てから・〜後で」

1　〜てはじめて　⇒　〜後でやっと実現する・それまでは〜しない。
　　　　　　　　　　~후에 겨우 실현된다 · 그 때까지는 ~되지 않는다.

　　　　　　動詞て形 + はじめて

- スキーは何回も転んではじめて上手になるのだ。
- 自分でやってみてはじめてお世話する人たちの大変さがわかった。
- この計画は、集まったお金がある程度の金額に達してはじめて成功するのだろう。

2　**～てからは・～て以来**　⇒　～てからずっと同じ状態が続いている。
　　　　　　　　　　　　　　　　～고 나서 계속 같은 상태가 이어진다.

　　　　　　　　　　　動詞て形 ＋ からは・以来

- 結婚してからは一度もたばこを吸っていません。
- 一度おなかを悪くしてからは、生水は飲まないようにしています。
- 昨年の夏、久しぶりに山に登って以来、毎月山登りをしている。
- 3年前に日本に来て以来、ずっとこのアパートに住んでいる。

3　**～た上で**　⇒　前もってしなければならない～をしてから、次のことをする。
　　　　　　　　　미리 하지 않으면 안 되는 ～을/를 한 후에 다음 행동을 한다.

　　　　　　　　　動詞た形 ＋ 上で

- 説明書をよく読んだ上で、お使いください。
- すぐには決められないので、家族と相談した上でお返事いたします。
- 郵便局か銀行で入会金を振り込んだ上で入会の手続きをしてください。

4　**～てからでないと・～てからでなければ**　⇒　～した後でなければ～できない。
　　　　　　　　　　　　　　　　　　　　　　　　～한 후가 아니면 ～ㄹ/을 수 없다.

　　　　　　　　　　　　　　　　　動詞て形 ＋ からでないと・からでなければ

- 事実をよく調べてからでないと詳しいことは申し上げられません。
- 風が止んでからでないと船は出ないだろう。
- 柿はもっと赤くなってからでなければおいしくないよ。

問題 3-1 다음 중 알맞은 것을 고르세요.

❶ おじさんが東京にいるうちに { a あちこち案内してあげたい。
　　　　　　　　　　　　　　 b とてもうれしい。

❷ 新しく店をオープンするに先立って { a お金がない。
　　　　　　　　　　　　　　　　　　 b 銀行からお金を借りた。

❸ 国を離れてはじめて国を { a 客観的に見てみよう。
　　　　　　　　　　　　　 b 客観的に見ることができた。

❹ こちらに引っ越してからは { a 家の近くに畑を買いました。
　　　　　　　　　　　　　　 b 毎日のように公園へ散歩に行っています。

❺ { a 準備運動をした上で、
　　 b ここで飲み物を飲んだ上で、 } プールに入ろう。

❻ もっと暑くなってからでなければ { a 海では泳げないね。
　　　　　　　　　　　　　　　　　 b 室内プールで泳げばいいよね。

問題 3-2 다음 중 알맞은 것을 고르세요.

❶ { a 忘れる　b 忘れない } うちにノートにメモしておこう。
❷ 日本に { a いる　b 来た } うちに、ぜひ富士山に登ってみたい。
❸ 結婚する { a に先立って　b うちに } 住む家を探さなければならない。
❹ 自分の目で見て { a はじめて　b 以来 } 公害の恐ろしさがわかった。
❺ どちらのコースを選ぶかよく { a 考えてはじめて　b 考えた上で } 決めてください。
❻ 卒業 { a してから　b してからは } 結婚することにしましょう。
❼ 林さんの家へは前もって { a 連絡した上で　b 連絡して以来 } 行ったほうがいいよ。
❽ 入り口でお金を払って { a からは　b からでないと } 中には入れないんですよ。

정리 まとめ

( ) 안의 단어를 알맞은 형태로 바꿔서, ☐ 안의 단어와 맞춰서 문장을 완성하세요.

A 際には　につけて　うちに　次第　かと思ったら

① 父は今留守ですが、＿＿＿＿＿＿＿＿＿＿＿そちらに連絡いたします。（帰る）
② 赤ちゃんはさっき＿＿＿＿＿＿＿＿＿＿＿、もう笑っている。（泣く）
③ 新聞で戦地の人たちのことを＿＿＿＿＿、平和のありがたさを感じる。（読む）
④ うちの子は何度もその歌を＿＿＿＿＿＿、全部覚えてしまった。（聴く）
⑤ ＿＿＿＿＿＿＿＿＿お足元にお気をつけください。（バスの乗り降り）

B 最中に　うちに　たびに　以来　上で

① ＿＿＿＿＿＿＿＿＿＿＿いろいろな経験をしておくといい。（若い）
② 叔父は＿＿＿＿＿＿＿＿＿おもしろい話を聞かせてくれた。（会う）
③ ヤンさんのことを＿＿＿＿＿＿、本人が部屋に入ってきた。（話す）
④ よく＿＿＿＿＿＿＿＿、書類にはんこを押してください。（確かめる）
⑤ 10年前にこの作家の小説を＿＿＿＿＿、この作家に夢中です。（読む）

C 折に　たとたん　てからは　はじめて　からでなければ

① 田舎に＿＿＿＿＿＿＿＿、田舎のよさと不便さがわかった。（住む）
② 実際にアパートを＿＿＿＿＿、借りるかどうか決められない。（見る）
③ 家に帰ってドアを＿＿＿＿＿＿、犬が飛びついてきた。（開ける）
④ こちらへ＿＿＿＿＿＿＿＿は、ぜひうちにお泊りください。（ご旅行）
⑤ この会社に＿＿＿＿＿＿、ずっと会社の寮に住んでいます。（入る）

10課 복문을 만드는 말 2 –가정의 표현·역접의 표현–
複文を作る言葉2 －仮定の言い方・逆接の言い方－

초급에서는 가정을 나타내는 표현으로 「〜と・〜たら・〜ば・〜なら」
역접을 나타내는 표현으로 「〜ても・〜のに」 등을 학습했습니다. 중급 레벨에서는 더 많이 학습해서 경우에 따라 맞게 가려서 씁니다.

STARTING TEST　スタートテスト

 問題　I 　　　에서 가장 알맞은 것을 골라, ＿＿＿ 위에 쓰세요.

　　　a としたら　　b ことには　　c ものなら　　d たら　　e ない限り

❶ 大切なノートをなくしてしまったの。もし、赤いノートを見つけ＿＿＿教えて。
❷ もし、どこにでも旅行できる＿＿＿、どこへ行きたいですか。
❸ きょうは一郎のお祝いなんだから、一郎が来ない＿＿＿パーティーは始められない。
❹ ピアノはだれでも練習し＿＿＿弾けるようにならない。
❺ できる＿＿＿子ども時代に戻りたい。

問題　II 다음 중 알맞은 것을 고르세요.

❶ いくら一生懸命 { a 覚えたところ　b 覚えたところで }、一晩寝たら忘れてしまう。
❷ { a 暑いから　b 暑いからといって } クーラーをつけた部屋の中にばかりいたら、体の調子が悪くなりますよ。
❸ この町の公園は、{ a 公園といえば　b 公園といっても } 小さな庭みたいなものです。
❹ 新しいデジカメを { a 買ったものの　b 買ったもので } まだよく使えない。
❺ どんなに { a 急いでいたにせよ　b 急いでいたが }、先輩にあいさつもしないで帰ってしまうというのは失礼だ。

POINT ポイント1

▶ 가정조건을 나타내는 말

<초급에서는> もしいい仕事があったら、わたしに紹介してください。
　　　　　　説明をよく聞けばわかるはずです。
　　　　　　お金を入れてボタンを押すと、切符が出てきます。

1　**〜としたら・〜とすれば・〜とすると**　⇒　もし〜の場合、どうなるか、どうするか。
　　만약 〜의 경우 어떻게 될까, 어떻게 할까?

　　　　　　　　　　　　　　　　普通形 + としたら・とすれば・とすると

・仕事を変える**としたら**、時期は今がいいだろう。
・彼の言っていることが本当だ**としたら**、今度の計画は成功しないだろう。
・犬を飼う**とすれば**、どんな種類がいいですか。
・この数字が正しい**とすると**、わたしの方のデータが古いんですね。

2　**〜ないことには**　⇒　前のことが実現しなければ、後のことも実現しない。
　　앞의 일이 실현되지 않으면 다음의 일도 실현되지 않는다.

　　　　　　　動詞(~~ない~~)、イ形容詞く、ナ形容詞で、名詞で + ないことには

・アパートが見つから**ないことには**、この寮を出られない。
・いっしょに働いてみ**ないことには**、仕事がよくできる人かどうかわからない。
・もう少し広く**ないことには**、教室として使えない。

3　**〜ものなら**　⇒　可能性は少ないが、もし〜できるならそうしたい、そうしよう。
　　가능성은 적지만 혹시 〜ㄹ/을 수 있으면 그렇게 하고 싶다, 그렇게 하자.

　　　　　　　　　　可能の意味のある動詞辞書形 + ものなら

・こんな仕事、断れる**ものなら**断りたいのだが…。
・自分の性格を変えられる**ものなら**変えたいですよ。
・年をとった親の世話が自分の家でできる**ものなら**、そうしたかったんですけど…。

4　**〜(よ)うものなら**　⇒　もし、〜のようなことをしたら、ひどい結果になるだろう。
　　만약 〜같은 일을 하면 심각한 결과가 될 것이다.

　　　　　　　　　　動詞う・よう形 + ものなら

・車は運転のしかたを間違え**ようものなら**大変なことになる。
・わたしはちょっとでもお酒を飲も**うものなら**、顔が真っ赤になってしまう。
・旅行中は時間を守ろう。5分でも遅刻し**ようものなら**みんなに迷惑がかかる。

5 **~限り** ⇒ その条件が成立している間は、後の文の状態が続く。
그 조건이 성립되고 있는 동안은 뒷 문장의 상태가 계속된다.

普通形の現在形(ナ形容詞な　名詞である) + 限り

- この犬がそばにいる**限り**、わたしは寂しいとは思わない。
- 親に頼っている**限り**、君はいつまでも一人前にはなれないぞ。
- 彼が謝らない**限り**、わたしも謝らないつもりだ。
- 先生: みなさんが話を止めない**限り**、わたしがいくら説明しても無駄です。

問題 1-1 다음 중 알맞은 것을 고르세요.

❶ a この会社を辞めるとしたら、ほかにどんな仕事がしたいですか。
　b 定年になるとしたら、その後、どんなことがしたいですか。

❷ 会長の木村さんが来ないことには、a 代わりにわたしが進行係をやります。
　　　　　　　　　　　　　　　　　b 会議が始められない。

❸ わたしの部屋はちょっと窓を開けようものなら a いい風が部屋に入ってくる。
　　　　　　　　　　　　　　　　　　　　　　 b 部屋中ほこりがいっぱいになる。

❹ 運動部は規則ばかり厳しくて楽しくない。a 辞められるものなら早く辞めたい。
　　　　　　　　　　　　　　　　　　　 b 辞めるものなら部室が使えなくなる。

❺ このような子どもの事故がなくならない限り、a わたしたち親は安心できない。
　　　　　　　　　　　　　　　　　　　　　　b 事故をなくすいい方法を考えよう。

問題 1-2 ☐☐☐에서 가장 알맞은 것을 골라, ＿＿＿＿위에 쓰세요.

> としたら　　ことには　　ものなら　　ものなら　　限り

❶ ああ、あなたのところへ飛んで行ける＿＿＿＿＿＿、今すぐ行きたい！
❷ わたしは卵アレルギーなので、ちょっとでも卵を食べよう＿＿＿＿＿＿、体中がかゆくなるんです。
❸ 両方の意見を聞いてみない＿＿＿＿＿＿、どちらが悪いかは言えません。
❹ 彼があの山小屋を守っている＿＿＿＿＿＿、あそこは安全ですよ。
❺ 引っ越しする＿＿＿＿＿＿、今度はどこに住みたいですか。

POINT ポイント2

▶ 역접조건을 나타내는 말

<초급에서는> あしたのサッカーの試合は、雨が降っても行います。
値段が高くても、いい自転車が買いたい。
この説明書、何度読んでもわかりません。

1 **～としても** ⇒ 仮に～が現実であっても… 만약 ～가/이 현실이라고 해도…

普通形 + としても

- 家族みんなが反対する**としても**、わたしは彼と結婚します。
- たとえ仕事がなくなる**としても**、わたしは不正はできない。
- あなたの言っていることの方が正しい**としても**、わたしは自分の道を行く。

2 **～たところで** ⇒ ～ても、いい結果は期待できない。
～ㄴ/는다고 해도 좋은 결과는 기대할 수 없다.

動詞た形 + ところで

- どんなに急い**だところで**、もう9時の飛行機には間に合わない。
- ぼくの気持ちをていねいに説明し**たところで**、彼女はわかってくれないだろう。
- どんなに薬を飲ん**だところで**、よく休まなければ病気は治りませんよ。

3 **～にしても・～にしろ・～にせよ** ⇒ 事実は～かもしれないが、その場合でも…
사실은 ～ㄹ/을지도 모르지만 그런 경우라도…

名詞、普通形(ナ形容詞である　名詞である) + にしても・にしろ・にせよ

- ストレスがある**にしても**、そんなにお酒を飲んではだめだよ。
- 時間がなかった**にしろ**、ちゃんと準備しなかったのはよくない。
- わたしの事情を知らなかった**にせよ**、彼のあんな言い方は失礼だ。

4 **～(よ)うと・～(よ)うが** ⇒ ～の場合でも関係ない。 ～의 경우라도 관계없다.

動詞う・よう形 + が

- みんながどんなにわたしのことを悪く言**おうと**、わたしは平気です。
- 彼女はどんな天気**だろうと**、自転車で学校へ行く。
- 雨が降**ろうが**雪が降**ろうが**、わたしは毎朝犬と散歩する。
- あなたがどこへ行**こうが**何をし**ようが**、わたしには関係ない。

問題 2-1 다음 중 알맞은 것을 고르세요.

❶ たとえ { a いつかは二十歳(はたち)になるとしても / b 100歳(さい)まで生きられるとしても } 今以上幸(しあわ)せな日は来ないと思う。

❷ どんなにていねいに説明したところで、{ a 彼(かれ)はわかってくれるはずだ。 / b 彼はわかってくれないだろう。 }

❸ 疲(つか)れているにしても、{ a あいさつだけはちゃんとしましょうね。 / b あいさつなんかちゃんとできないよ。 }

❹ 手術(しゅじゅつ)をしようと、彼の病気は { a 治(なお)らなかった。 / b 治りそうもない。 }

問題 2-2 틀린 문장이 하나 있습니다. 그 기호에 ×표시를 하세요.

❶ たとえいいアルバイト { a でも　b なら　c だとしても }、今はやりたくない。

❷ たとえ道に { a 迷(まよ)っても　b 迷ったとしても　c 迷ったら }、この地図があれば安心だ。

❸ どんなに { a がんばれば　b がんばろうと　c がんばったところで } 年末(ねんまつ)までには間に合わない。

❹ まだ子どもで { a あるにせよ　b あるにしても　c あったところで }、あの子には本当(ほんとう)のことを言ったほうがいい。

❺ 父がどんなに { a 怒(おこ)ったとしたら　b 怒ろうと　c 怒ったところで }、ぼくは進路(しんろ)を変(か)えないつもりだ。

❻ 仮(かり)にお金が { a あれば　b あるとしても　b あっても } わたしはこんな物は買わない。

❼ この楽しい時間がいつかは { a なくなったら　b なくなるにせよ　c なくなるとしても } 今は楽しく過(す)ごしたい。

POINT ポイント3

▶ 역접을 나타내는 말

<초급에서는> 毎日忙しいですが、わたしは元気です。

わたしのうちは古いけれど住みやすいですよ。

あの子はまだ子どもなのに、家の手伝いをよくするね。

疲れていても、まだ休めないんです。

1 〜ながら ⇒ 〜が…、〜けれども…、(조금 고풍스런 표현)
〜(이)지만…, 〜(으)나…,

動詞(ます)/(ています)/ない形、イ形容詞い、ナ形容詞な、名詞 + ながら

- う〜ん、敵ながらすばらしい実力を持っているチームだ。
- 残念ながら、今度の旅行には行けません。
- 近くに住んでいながら、あの有名人には会ったことがない。

2 〜ものの・〜とはいうものの

⇒ 〜というのは事実なのだが、その事実から想像することとは合わないことが伴う。
〜ㄴ/는다는 건 사실이지만 그것과 상반되는 것이 이어진다.

普通形(ナ形容詞な　名詞である) + ものの
普通形 + とはいうものの

- 85歳の母は耳がよく聞こえないものの、一人で明るく生活している。
- 科学は進歩したとはいうものの、まだまだわからないことが多い。
- みなさんは研修中だとはいうものの、もう立派な社会人ですよ。

3 〜にもかかわらず ⇒ 〜の事実から想像される結果は、〜の影響を受けない。
〜의 사실에서 상상되는 결과는 〜의 영향을 받지 않다.

普通形(ナ形容詞である　名詞だ/である) + にもかかわらず

- 父は体力があまりないにもかかわらず、毎日遅くまで働いている。
- 彼は立派な車を持っているにもかかわらず、また新しい車を買いたがっている。
- 値段を下げたにもかかわらず、この商品はあまり売れない。

4 **〜といっても** ⇒ 〜から当然だと考えられるよりも、程度はもっと下(もっと上)
　　　　　　　　　　〜(으)로부터 당연하다고 생각했던 것 보다 정도는 덜 하다(더 심하다).

　　　　　　　　名詞、普通形 + といっても

・転勤といっても、同じ県内の支店ですから引っ越ししなくても大丈夫です。
・入院したといっても、ちょっと検査をしただけです。
・自分で小屋を建てるといっても、大変な部分はプロに手伝ってもらうんです。
・暑いといってもきのうは普通の暑さじゃなかった。気温が40度もあった。

5 **〜からといって** ⇒ ただ〜という理由だけでは後のことは成立しない。
　　　　　　　　　　　단지 〜(이)라는 이유만으로는 뒷일이 성립되지 않는다.

　　　　　　　　普通形 + からといって

・正月だからといってわたしは休んではいられないんです。
・忙しいからといって食事もしないのはだめですよ。
・お金があるからといって何でもできるとは言えないでしょう。

問題 3-1 다음 중 알맞은 것을 고르세요.

① 早く返事をしなければいけないと思いながら、 { a まだ返事をしていない。
　　　　　　　　　　　　　　　　　　　　　　　 b やっときょう返事を書いた。

② 春はもうすぐだとはいうものの、 { a もう桜が咲いた。
　　　　　　　　　　　　　　　　　 b 風はまだ冷たい。

③ 大勢の人の世話になったにもかかわらず、
　　{ a 彼はあいさつもしないで帰国してしまった。
　　　 b 立派な成績で大学を卒業して帰国した。

④ わたしは医学の知識があるといっても、 { a 狭い範囲の知識だけです。
　　　　　　　　　　　　　　　　　　　　 b 病気ばかりしています。

⑤ 時間がないからといって、インスタント食品ばかり { a 食べません。
　　　　　　　　　　　　　　　　　　　　　　　　　　 b 食べるのはだめよ。

問題 3-2 ＿＿＿에서 가장 알맞은 것을 골라, ＿＿＿ 위에 쓰세요. (하나의 단어를 두 번씩 씁니다.)

　　ながら　　ものの　　にもかかわらず　　といっても　　からといって

① わたしはわずか＿＿＿＿＿貯金がありますから、心配しないでください。
② 熱がある＿＿＿＿＿、ヤンさんは仕事に行った。
③ 答えは一応書いた＿＿＿＿＿、合っているかどうか自信がない。
④ 暑い＿＿＿＿＿、冷たいものばかり食べるのはよくないよ。
⑤ 社長になった＿＿＿＿＿、わたしの会社は社員がたった４人なんですよ。
⑥ わたしが嫌だと言っている＿＿＿＿＿、夫は犬を飼い始めた。
⑦ 体によくないと知り＿＿＿＿＿、お酒もたばこもやめられない。
⑧ 体の具合が悪い＿＿＿＿＿、仕事ができないほどではありません。
⑨ 課長になった＿＿＿＿＿、そんなに威張るなよ。
⑩ デジカメをもらった＿＿＿＿＿、使い方がよくわからなくて困っている。

정리　まとめ

☐ 안의 표현을 바꿔서, 밑줄의 단어를 다시 쓰세요.

A　としたら　限り　ないことには　としても　たところで

A：もし今、外国語が簡単に覚えられる便利な道具ができたら、買いますか。
　　　　　　　　　　　　　　　　　　　　　　　　　　　　　①

B：いえ、たとえ今、そんな道具ができても、わたしは使いたくないです。
　　　　　　　　　　　　　　　②

　　それに、実際に使ってみなければ、便利な道具かどうかわかりません。
　　　　　　　　　　③

　　どんなにいい道具を使っても、日本語はすぐにはうまくならないと思います。
　　　　　　　　　　　④

A：そうですね。うまくなりたいと心から思わないうちは、日本語はうまくはならないと思います。
　　　　　　　　　　　　　　　　　　　　　　　⑤

B　（よ）うものなら　（よ）うと　ながら　からといって　にもかかわらず

A：Bさん、今年もまた山に行くんですか。
B：ええ、わたしは冬の登山が好きなんです。どんなに危ないと言われても、登山はやめられません。
　　　　　　　　　　　　　　　　　　　　　　　　　　　　　　　　　①
A：でも、好きだからという理由だけで、親の心配を無視するのはよくないですよ。
　　　　②
B：そうですね。わたしも親に心配はかけたくないと思うけれど、やっぱり冬の山に行きたくなるんですよ。
　　　　　　　　　　　　　　　　　　　　　　　　　③
A：去年の冬は、天気予報で雪になると言っていたのに、山に出かけましたよね。
　　　　　　　　　　　　　　　　　　④
B：あのときは緊張しました。1歩足を踏みはずしたら、大変なことになるところだったんです。
　　　　　　　　　　　　　　　　　　　⑤
A：全くもう…。気をつけてくださいよ。

11課 복문을 만드는 말 3 −원인·이유를 나타내는 말·상관관계를 나타내는 말− −複文を作る言葉 3 −原因·理由を表す言葉·相関関係を表す言葉−

초급에서는 원인·이유를 나타내는 말로「〜から・〜ので・〜ために」등을 학습했습니다. 중급에서는 더 많이 학습해서 경우에 따라 맞게 가려 씁니다. 또 상관관계(한쪽이 바뀌면 다른 쪽도 같이 바뀐다)를 나타내는 말도 여러 가지 있습니다.

STARTING TEST スタートテスト

 問題 I ＿＿＿＿에서 가장 알맞은 것을 골라, 그 기호를 ＿＿＿＿위에 쓰세요.

a 以上　　b おかげで　　c ところを見ると　　d だけに　　e ばかりに

① ゆり子が親切に教えてくれた＿＿＿＿、会場までの道はすぐわかった。
② 一度「やる」と言った＿＿＿＿、最後までわたしがやります。
③ ベッドの中が温かい＿＿＿＿、わたしが留守の間犬はここで寝ていたのだろう。
④ 時計のベルが鳴らなかった＿＿＿＿、朝起きられなくて、飛行機に乗り遅れてしまった。
⑤ 父が朝から海に出て釣ってきてくれた＿＿＿＿、この魚は特別においしいと思う。

問題 II 다음 중 알맞은 것을 고르세요.

① { a 寒くなってくると　　b 12月に入ってくると } 温かい料理が食べたくなってくる。
② これからはだんだん { a 子どもが少ない　　b 子どもの数が減る } だろう。
③ { a 年をとるにつれて　　b 母になるにつれて } 世の中のことがわかってくる。
④ { a 山の上に着けば着くほど　　b 登れば登るほど } 気温が低くなってくる。
⑤ { a 台風が近づくに従って　　b 台風が上陸するに従って } 風雨が強くなる。

POINT ポイント1

▶ 이유를 나타내는 말1 −내용의 이유−

<초급에서는> この山道は危ない**から**、通行止めになっている。
疲れている**ので**、きょうは早く帰ります。
事故があった**ために**、電車が遅れました。

1　**〜もので・〜ものだから** ⇒ 個人的理由、言い訳を言う。許可求めや依頼の理由を言うときなどにも使われる。 개인적 이유, 변명을 말한다. 허가를 요청하거나 의뢰의 이유를 말할 때 등에도 쓰인다.

普通形(ナ形容詞な　名詞な) + もので・ものだから

- 申し訳ありません。今週は忙しかった**もので**、まだできあがっていないんです。
- 道が込んでいた**ものですから**、こんなに遅くなってしまいました。
- この子はまだ子どもな**もんですから**、あいさつがうまくできないんです。

2　**〜おかげで・〜せいで** ⇒ 〜が原因でいい結果(〜おかげで)・悪い結果(〜せいで)になった。 〜가/이 원인으로 좋은 결과(〜おかげで)・나쁜 결과(〜せいで)가 됐다.

名詞の、普通形(ナ形容詞な　名詞である) + おかげで・せいで

- 先生が厳しく指導してくださった**おかげで**、優勝することができました。
- この島は冬も暖かい**おかげで**、果物も野菜もよく採れる。
- 家の中に犬がいる**せいで**、あちこちに犬の毛が落ちている。
- 地球温暖化の**せいで**、氷河が少しずつ溶けているそうだ。

3　**〜あまり** ⇒ 非常に〜ために、普通ではない結果になった。 너무 〜기 때문에 보통이 아닌 결과가 됐다.

普通形の肯定形(ナ形容詞な　名詞の) + あまり

- 猫がいなくなって、心配の**あまり**仕事が手につかない。
- 会議中おなかがグーと鳴ってしまい、恥ずかしさの**あまり**顔が上げられなかった。
- 今度の作品は完成を急いだ**あまり**、満足できるものにはならなかった。

4　**〜だけに** ⇒ 〜ので当然ではあるが、普通よりもっと程度が上だ。
　　　　　　　　〜기 때문에 당연하지만 보통 보다 더 정도가 심하다.

普通形(ナ形容詞な/である　名詞だ/である) + だけに

・これは人気のある商品だけに、すぐに売り切れるかもしれませんよ。
・あきらめていただけに、合格とわかったときは本当にうれしかった。
・出発前、頭が痛いと言っていただけに、旅行中の母のことが心配だ。

問題 1-1 다음 중 알맞은 것을 고르세요.

❶ 急に雨が降り出したものだから、 { a タクシーで行きましょう。
　　　　　　　　　　　　　　　　　 b タクシーで来ました。

❷ { a わたしがよくがんばった　 } おかげで、いい作品ができあがった。
　 { b あなたが手伝ってくれた　 }

❸ { a 風邪を引いたあまり、 } ご飯を作る気にならなかった。
　 { b 疲れていたあまり、　 }

❹ 母は若いとききれいだっただけに、{ a 年をとることをとても残念がる。
　　　　　　　　　　　　　　　　　　 b 今は年をとってしまった。

11課 복문을 만드는 말 3 -원인・이유를 나타내는 말・상관관계를 나타내는 말-　_99

問題 1-2 다음 중 알맞은 것을 고르세요.

❶ わたしはさしみが食べられない { a ものて　 b おかげで　 c あまりに } 残してしまいました。ごめんなさい。

❷ わたしの家の南側にマンションが建った { a せいで　 b あまり　 c だけに }、日当たりが悪くなってしまった。

❸ 姉はこの猫をかわいがる { a おかげで　 b あまり　 c ものですから }、食べ物をやりすぎるようだ。

❹ このマンションは家賃が高い { a あまり　 b だけに　 c せいで }、設備がとてもいい。

❺ 田中先生に教えていただいた { a あまり　 b せいで　 c おかげで }、日本語が上手になった。

❻ おなかがすいた { a おかげで　 b だけに　 c あまり }、がまんできずに授業中にパンを食べてしまった。

❼ 申込書の書き方がわからなかった { a だけに　 b あまり　 c ものて }、まだ書いていません。すみません。

❽ 最近とても疲れていた { a あまり　 b おかげで　 c だけに }、あしたからの連休がとてもうれしい。

❾ いい天気が続いた { a おかげで　 b あまり　 c せいで }、畑仕事が進んだ。

❿ 隣の家で工事をしている { a あまり　 b せいで　 c だけに }、毎日うるさい。

POINT ポイント2

▶ 이유를 나타내는 말 2 －판단의 이유·근거－

<초급에서는> 雨が降っているから、家の中に入りなさい。
　　　　　　　おなかがすいたので、何か食べたいです。

1　～ことだし ⇒ 希望・判断・決心などの理由・根拠を言う。
　　　　　　　　　희망·판단·결심 등의 이유·근거를 말한다.

　　　　　　　　普通形(ナ形容詞な　名詞の) + ことだし

・外は雪で寒い**ことだし**、きょうは出かけないでうちでビデオを見て過ごそう。
・子どもが生まれる**ことだし**、もっと広い家に引っ越ししたい。
・このベッド、いいね。値段も高くない**ことだし**、これに決めよう。

2　～ばかりに ⇒ ～だけが原因で予想外の悪い結果になってしまった。
　　　　　　　　　　～만이 원인으로 예상외의 나쁜 결과가 되어 버렸다.

　　　　　　　　普通形(ナ形容詞な　名詞である) + ばかりに

～たいばかりに ⇒ ～だけが理由で普通ではないことをする。
　　　　　　　　　　～만이 이유로 보통이 아닌 것을 하다.

　　　　　　　　動詞(ます) + たい + ばかりに

・住所をちょっと間違えた**ばかりに**、大切な手紙が届かなかった。
・7分遅刻した**ばかりに**試験場に入れなかった。
・わたしは字が下手な**ばかりに**いろいろな場面で損をしている。
・彼女に会い**たいばかりに**、3時間も外で待っていた。
・彼は車が買い**たいばかりに**、たばこもお酒もやめて貯金をしている。

3　～からには・～以上・～上は ⇒ 話者の決意、判断、勧めなどの理由を言う。
　　　　　　　　　　　　　　　　　말하는 사람의 결의,판단,권유 등의 이유를 말한다.

　　　　　　　　普通形(ナ形容詞である　名詞である) + からには
　　　　　　　　普通形(ナ形容詞な / である　名詞である) + 以上は
　　　　　　　　動詞辞書形/ た形 + 上は

・全国大会に出場する**からには**、絶対勝ちたい。
・やると決めた**からには**、がんばるぞ。
・約束した**以上**、約束を守ってね。
・オリンピック選手に選ばれた**上は**、ぜひメダルを持って帰りたい。

4　～ところを見ると　⇒　推量・判断の根拠を言う。(後の文で推量したことを言う。)
추측・판단의 근거를 말한다. (뒷 문장에서 추측한 것을 말한다.)

普通形(ナ形容詞な　名詞の) ＋ ところを見ると

- 甘いものを食べないところを見ると、彼女はダイエットを始めたのかもしれない。
- あんなに驚いたところを見ると、彼は林さんが辞めることを知らなかったらしい。
- 西の空が真っ赤なところを見ると、あしたもたぶんいい天気なのだろう。

問題 2-1 다음 중 알맞은 것을 고르세요.

❶ おなかがすいたことだし、 ┌ a 木の下で一休みした。
　　　　　　　　　　　　　 └ b あそこで一休みしようよ。

❷ ケータイを忘れたばかりに、きょうは ┌ a 一日中自由な気分だった。
　　　　　　　　　　　　　　　　　　 └ b みんなに迷惑をかけてしまった。

❸ 日本に来た以上、 ┌ a 日本のことをもっとよく知りたい。
　　　　　　　　　 └ b 日本語の勉強をずっと続けられた。

❹ 彼がうれしそうな顔をしているところを見ると、 ┌ a 何かいいことがあったのだろう
　　　　　　　　　　　　　　　　　　　　　　　 └ b きのういいことがあった。

問題 2-2 ＿＿＿에서 가장 알맞은 것을 골라, ＿＿＿위에 쓰세요.

| ことだし　　ばかりに　　からには　　ところを見ると |

❶ みんなが集まった＿＿＿＿、きょうはみんなで楽しく食べたり飲んだりしたいね。
❷ 試合に出る＿＿＿＿、絶対勝ちたい。
❸ ちょっと不注意な言葉を使ってしまった＿＿＿＿、彼女との関係が悪くなった。
❹ このごろ毎日遅刻する＿＿＿＿、彼には何か問題があるのかもしれない。

| ことだし　　ばかりに　　上は　　ところを見ると |

❺ いい会社に入りたい＿＿＿＿面接でうそを言う人もいる。
❻ 仕事に失敗してしまった。こうなった＿＿＿＿、あちこちに謝って回るしかない。
❼ 感想を書いたメールがこんなに来た＿＿＿＿、番組を見て感動した人が多かったのだろう。
❽ もう時間も遅い＿＿＿＿、今夜はこの山小屋に泊まることにしよう。

POINT ポイント3

▶ 상관관계·연결된 동작을 나타내는 말

4月　　　8月　　　11月

1　～ば～ほど ⇒ ～の程度が上がれば、後のことの程度も上がる。
～의 정도가 바뀌면 뒷 문장의 정도도 바뀐다.

動詞ば ＋ 動詞辞書形 ＋ ほど
イ形容詞ければ ＋ イ形容詞い ＋ ほど
ナ形容詞なら ＋ ナ形容詞な ＋ ほど
修飾語句がついた名詞 ＋ ほど

・早く参加申し込みをしてください。早ければ早いほどいいです。
・う～ん、難しい問題ですね。考えれば考えるほどわからなくなります。
・作文のテーマが簡単なら簡単なほど、内容のよさが求められる。
・経験が多い人ほど、注意深く考える。

2　～につれて・～に従って ⇒ 前のことが変化すれば、後のことも同じように変化する。앞의 내용이 변화하면 뒷 내용도 똑같이 변화한다.

動詞辞書形、する動詞の名詞 ＋ につれて・に従って

・秋が深まるにつれて、木の葉が赤くなる。
・時間がたつにつれて、あの日のショックから立ち直ってきた。
・事故の調査が進むに従って、新しい事実が次々に出てきた。
・日本での生活に慣れるに従って、日本人の友だちが増えた。

3　～に伴って ⇒ 前のことが変化すれば、それといっしょに後のことも変化する。
（改まった言い方、書き言葉的）
앞의 내용이 변화하면 그것과 함께 뒷 내용도 변화한다. (격식체 표현, 문장체적)

動詞辞書形、名詞　＋に伴って

・メール世代が増えるに伴って、文の書き方も変わっていくだろう。
・少子化に伴って、使わない教室が目立ってきた。
・仕事の自動化に伴って、職を失う人が増えるだろう。

4 **〜とともに** ⇒ 前のことが変化すれば、それといっしょに後のことも変化する。
(書き言葉的) 앞의 내용이 변화하면 그것과 함께 뒷 내용도 변화한다. (문장체적)

動詞辞書形、名詞 ＋ とともに

・年金生活者が増える**とともに**、いろいろな制度が変わっていくだろう。
・子どもたちに厳しかった父も年をとる**とともに**、気が弱くなっていった。
・気温の上昇**とともに**、ビールの売り上げが伸びてきた。

問題 3-1 다음 중 알맞은 것을 고르세요.

❶ 職場に近いところに引っ越ししたい。{ a 近ければ　b 近いと } 近いほどいい。

❷ 日本語が { a 話せる　b 話せるようになる } につれて毎日が楽しくなってきた。

❸ 結婚後も働き続ける女性が { a いる　b 増える } に従って、会社の考え方も変わっていくだろう。

❹ この町も { a 産業　b 産業が伸びる } に伴って、にぎやかになってきた。

❺ 台風が { a 近づく　b 来る } とともに、雨も風も強くなってきた。

問題 3-2 다음 중 알맞은 것을 고르세요.

❶ { a 責任が増せば増すほど、 / b 部長になればなるほど、 } ストレスも多くなる。

❷ 工事が進むに従って、{ a 建物の全体が見えてきた。 / b 建物の全体が見えた。 }

❸ ここは前は畑だったが、周りに住民が増えるにつれて { a 公園になった。 / b 花や木が多くなった。 }

❹ これはいいテキストだ。課が進むにつれて少しずつ言葉を { a 勉強する時間を増やしたい。 / b 覚えられるようになっている。 }

❺ この町も都市化に伴って { a 交通量が増えた。 / b 公民館ができた。 }

❻ 子どもの成長とともに、{ a わたしは事務所で働き始めた / b わたしは仕事を増やしてきた。 }

정리　まとめ

☐ 안의 표현을 바꿔서, 밑줄의 단어를 다시 쓰세요.

예　| せいで |　授業中に花子が何回も<u>話しかけるので</u>、わたしまで先生にしかられてしまった。　**話しかけるせいで**

A　ものですから　おかげで　だけに　以上は　につれて

＜会社で＞

1. A　：すみません。妻が風邪を<u>引いているので</u>、きょうは早く帰らせてくださいませんか。
2. 課長：きょうはいいけど、この仕事は自分でやると<u>言ったのだから</u>、期日までに完成してくださいよ。
3. A　：はい、わかりました。課長、資料が<u>集まってきたら</u>、だんだんに全体のことがわかってきました。
4. 課長：そうですか。君ががんばって<u>くれたので</u>、いい資料が集まりましたね。
5. 　　　しかし、なんといっても、個人情報の<u>資料ですから</u>、注意して扱わなければいけませんね。
   A　：はい。十分に気をつけます。

B　せいで　ことだし　ところを見ると　あまり　〜ば〜ほど

＜Aさんの家で＞

1. きょうは課長にうそを言って早退した。うそを<u>言ったので</u>、どうも気持ちが落ち着かない。
2. 課長もあまり心配そうな顔を<u>していなかったことから想像すると</u>、ぼくのうそに気がついていたのかもしれない。
3. このごろちょっと<u>疲れていたし</u>、きょうは早く寝ることにしよう。
4. 早く結果を出そうと<u>急いだので</u>、個人情報の<u>資料に</u>注意していなかった。
5. <u>考えれば考えるだけ</u>もっと心配になってきた。

Column

✤ 「する」と「なる」

같은 것을 말해도 행위를 하는 사람과 당하는 사람의 어느 쪽에 시점을 두느냐에 따라 「する」와 「なる」의 두 가지 표시방법이 있습니다. 여러 문형이 있지만 기본은 같습니다.

● 「する」와 「なる」의 사용법 기본

	주목하는 것
する	人の行為に注目　사람의 행위에 주목 **母は**ケーキ**を半分に**した**。**
なる	動作を受けるものの変化、結果に注目 동작을 당하는 것의 변화, 결과에 주목 **ケーキは半分に**なった**。**

● 중급에서 배우는 「する」와 「なる」

스스로 정한 습관·규칙

～ことにしている 스스로 정한 습관	わたしは毎年富士山に登ることにしている。 わたしは夜は車を運転しないことにしている。
～ことになっている 규칙	この会社では毎年社員旅行をすることになっている。 病院内ではたばこを吸ってはいけないことになっている。

노력목표·노력하고 있는 습관·물건의 구조

～ようにする 노력목표 ～ようにしている 노력하고 있는 습관	健康のためになるべく野菜を食べるようにしてください。 わたしはできるだけ早く寝るようにしている。 わたしはエスカレーターには乗らないようにしている。
～ようになっている 물건의 구조	このエスカレーターは人が近づくと動くようになっている。 このおもちゃは落としても壊れないようになっています。

12課 부정의 표현 否定の言い方

강하게 부정하는 경우, 부분적으로 부정하는 경우, 소극적으로 부정하는 경우 등, 부정의 방법에도 여러가지가 있습니다.

STARTING TEST スタートテスト

問題 _____에 알맞은 단어를 써서, 문장을 완성하세요.

① シンさんは夜、いつも家に_____とは限らない。いないこともある。

② きょう中に計画書を書くように言われたけど、そんなに短い時間で_____わけがない。

③ A：君はスキーをしたことがある？
　 B：したことが_____どころか、冬は毎週スキーに行っていましたよ。

④ 田中さんだけが_____のではない。ほかの人たちも悪いんだ。

⑤ A：ユミさんはもう北京へ留学したのかな？
　 B：いえ、北京へ_____はずはありませんよ。昨夜も新宿で飲んでいましたよ。

⑥ A：Bさん、小説は全然読まないんですか。
　 B：全然_____わけじゃないよ。ミステリーなら読むよ。

⑦ 練習すれば、だれでも速く_____なるとは言えない。わたしはいくら練習しても速く走れるようにならなかった。

⑧ 高い料理が必ずしも_____というわけではない。高いのにおいしくない料理を出すレストランもある。

⑨ 薬を飲めば必ず病気が_____というものでもない。薬では治らない病気もある。

⑩ A：静岡から東京まで新幹線で1時間ですね。通えるでしょうか。
　 B：_____ことはないけど、時間がもったいないですよ。

POINT ポイント1

▶ 강하게 부정하는 표현

1. **～わけがない・～はずがない** ⇒ その可能性がない。その理由がない。
   그럴 가능성이 없다. 그럴 이유가 없다.

   普通形(ナ形容詞な / である　名詞の / である) + わけがない・はずがない

   - あした雨が降る**わけがない**。星があんなにたくさん出ている。
   - 母：毎日そんなに遅くまで仕事をして大丈夫？
     子：大丈夫な**わけがない**よ。でもしかたがないんだ。
   - こんな難しい問題、わたしにできる**わけがありません**よ。
   - 去年の夏、ヤンさんが富士山に登れた**はずがない**よ。足にけがをしていたよ。
   - 弁護士になる試験が易しい**はずがありません**よ。合格率40％前後なんですよ。
   - 隣の愛ちゃんが今年二十歳の**はずがない**。7年前まだ小学生だったのだから。

2. **～ものか** ⇒ 話者が絶対～ないと主張する。 말하는 사람이 절대로 ~리 없다고 주장한다.

   普通形(ナ形容詞な　名詞な) + ものか

   - このテストが易しい**ものか**。知らない言葉がたくさん出てくる。
   - あの人がいい人な**もんか**。うそばかり言う人だ。
   - この仕事を全部きょう中に仕上げるんですか。無理ですよ。一人でやれる**ものですか**。
   - もうあんなやつといっしょに旅行する**ものか**。時間を守らないし、忘れ物ばかりするし…。

3. **～もしない** ⇒ 普通は当然することも否定して、否定の意味を強調する。
   보통 당연한 것을 부정하고 부정의 의미를 강조한다.
   不満感・意外感がある。 불만감・의외감이 있다.

   動詞(ます) + もしない

   - 彼女はよほど怒っていたのだろう。声をかけたが振り向き**もしなかった**。
   - よく考え**もしない**で、「できません」なんて言わないでください。
   - 父はぼくの話を聞き**もしない**で、「早く就職しろ」と言うんだ。

4. **～どころか** ⇒ 事実はそんな程度ではない、と予想や期待を強く否定する。
   사실은 그런 정도가 아니라고 예상이나 기대를 강하게 부정한다.

   名詞、普通形(ナ形容詞な / である　名詞である) + どころか

- 梅雨に入ったのに、きょうは雨が降る**どころか**、すばらしい天気だ。
- A：来週はお暇でしょうか。
  B：暇な**どころか**、体がいくつあっても足りないくらい忙しくなるんです。
- この本、おもしろいと聞いたので買ってみたけど、おもしろい**どころか**、全く内容がわからなかった。

問題 1-1 다음 중 알맞은 것을 고르세요.

① A：今年もまた富士山に行きますか。
   B：{ a 行くものですか   b 行きもしませんよ }。もう二度と行きたくないです。

② 今、教育の問題を真剣に考えなかったら、子どもたちの学力は
   { a 上がらないものか   b 上がるはずがない }。

③ A：ヤンさんが帰国したんだって。
   B：ヤンさんが { a 帰国しもしない   b 帰国したわけがない }。さっき本屋にいたよ。

④ 正しいデータを { a 調べるどころか   b 調べもしないで } あいまいなことを言わないでよ。

⑤ 昨晩は疲れていて、本を { a 読みもしないで   b 読むどころか } 食事も作れなかった。

⑥ きょうの天気予報ははずれたね。{ a 涼しいどころか   b 涼しいはずがなく } 32度の暑さだ。

⑦ こんな難しい本、あの子に { a わかるはずがないよ   b わかりもしないよ }。

問題 1-2 ____에 알맞은 단어를 써서, 문장을 완성하세요.

① A：佐藤さんは今度の旅行に参加しますか。
   B：_____はずがありません。とても忙しそうです。

② A：あれ、先輩、もう帰るんですか。
   B：_____もんか。弁当を買いに行くんだ。きょうは10時まで残業だよ。

③ A：ぼくの都合を_____も_____で、会合の時間を決めたのか。
   B：あれ！ちゃんと聞きましたよ。先輩はいつでもいいよ、と言いましたよ。

④ A：Bさんはお酒がお好きだそうですが…。
   B：_____どころか、全然飲めないんだよ。

POINT ポイント2

▶ 부분 부정·소극적 부정

A 부분 부정(전부는 아니다, 반드시 그런 것은 아니라고 부분적으로 부정하는 표현)

함께 사용하는 단어(부사)

> 예 いつも　みんな　必ず　全部　いつでも　どこでも　何でも　何も

1 **〜のではない**　普通形(ナ形容詞な　名詞な) + のではない

- いつも暇**なのではありません**。きょうはちょうど暇だったんです。
- この大学院のクラスの人がみんな日本人**なのではありません**。あの人は韓国人だし、あの人は中国人ですよ。
- 毎日ビールを飲む**のではない**。ワインを飲むこともある。

2 **〜わけではない**　普通形(ナ形容詞な/である　名詞である) + わけではない

- 日本人ならだれでも日本語が教えられる**わけではありません**。
- わたしは毎日忙しい**わけではありません**。忙しいのは月末だけです。
- 幼稚園の先生がみんな子どもが好きな**わけではない**。

3 **〜とは限らない**　普通形 + とは限らない

- 勉強すれば必ず合格できる**とは限らない**。
- わたしはいつも店にいる**とは限りません**。いらっしゃる前にお電話ください。
- 色がきれいな料理がどれもおいしい**とは限らない**。

4 **〜とは言えない**　普通形 + とは言えない

- 専門家なら何でもわかる**とは言えない**。
- あの人が言ったことが全部本当だ**とは言えない**でしょう。
- 高い品物が必ず質がいい**とは言えない**。

B 소극적 부정·소극적 긍정

1 **〜ないことはない・〜なくはない・〜なくもない**
　　　　　⇒ 「〜ない」라고 말할 수 없다며 부정형을 부정하고 그럴 수도 있다고 소극적으로 긍정한다.

普通形(現在形の否定形) + ことはない

- A：先生はお酒を飲まれないのですか。
  B：いや、飲ま**ないことはない**んですが、すぐ酔っ払ってしまうんですよ。
- このカレー、おいしく**ないことはない**んだけど、わたしには辛すぎる。
- 今からがんばれば、期限までに間に合わ**ないことはない**だろう。
- あなたがお酒を飲みたい気持ち、わから**なくはない**けど、今は周りの人のことを考えてください。
- 車がほしく**なくもない**が、近くに駐車場がないので、迷っている。

2 **〜というものではない**　⇒ 전면적으로 긍정할 수 없다, 반드시 그렇다고는 말할 수 없다고 소극적으로 부정한다.

普通形 + というものではない

- 科学が進歩すれば人間の生活がよくなる**というものではない**。
- 電気製品や車などは作って売ればいい**というものではない**。使った後のことまで考えないと環境を汚すことになる。
- 勉強時間が長ければそれでいい**というものではない**。勉強の内容が大切だ。

問題 2 _____에 알맞은 단어를 써서, 문장을 완성하세요.

❶ A：あなたはいつも暇ですか。
　 B：いいえ、いつも_____わけではありません。

❷ A：バイオリンは練習すればだれでも上手に弾けるようになりますか。
　 B：いいえ、だれでも上手に_____とは限りません。

❸ A：毎晩お酒を飲むんですか。
　 B：いいえ、毎晩_____わけではありません。

❹ A：この答えはみんな正しいでしょうか。
　 B：いいえ、_____とは言えません。正しくないのもあります。

❺ A：あなたはあの人のことを全然知らないの？
　 B：いえ、_____のではなく、少しは知っているんですよ。

❻ A：あなたはマージャンをしますか。
　 B：_____ことはないんですが、あまり好きじゃないんです。

❼ A：全国野球大会は参加することに意義があるんですよね。
　 B：でも、ただ_____ば_____というものではありませんよ。
　　 やっぱり勝ち進みたいなあ。

정리 1　まとめ1

가장 알맞은 것을 고르세요.

❶ いくらキムチが好きな人でも毎日
- a 食べるはずです。
- b 食べたいと思うでしょう。
- c 食べるとは限らないでしょう。

❷ どんなに健康な人でも病気に
- a ならないわけだ。
- b なるわけではない。
- c ならないわけではない。

❸ うちの会社は水曜日が休みなんです。だから、わたしは水曜日はいつも
- a 朝寝坊しません。
- b 朝寝坊ができます。
- c 朝寝坊するのではありません。

❹ A：ジャズもいいのがありますよ。たまには聴くといいですよ。
　 B：たまにどころかわたしはジャズが好きで、
- a よく聴いているんですよ。
- b あまり聴かなくもないんですよ。
- c いつも聴くとは言えないんですよ。

❺ A：道路の工事は来週終わるんですか。
　 B：え？来週
- a 終わらないわけがありませんよ。
- b 終わるわけがありませんよ。
- c 終わらないこともありませんよ。

　　雨で1週間も工事ができなかったんですから。

정리 2　まとめ2

다음 중 알맞은 것을 고르세요.

わたしは釣りが大好きで、1か月に1度は必ず釣りに①｛a 行く　b 行くわけではない｝。しかし、毎回魚が釣れる②｛a わけだから　b わけではなく｝、悔しい思いで帰ってくることもある。そうすると、また③｛a 行きたくなる　b 行かなくもない｝。そして、また釣れないと今度こそは④｛a 負けるものか　b 負けるとは言えない｝と強く思う。

しかも、ただ釣れればいい⑤｛a というものだ　b というものではない｝。ちょうどいい大きさの魚を釣ることが大切なのだ。

妻は魚料理が嫌いで全く食べない。⑥｛a 食べないが　b 食べないどころか｝、魚に触るのも嫌だと言う。だから、わたしが釣ってきた魚を⑦｛a 見もしないで　b 見ないのではなく｝「自分で料理してね」と言う。それで、わたしはいつも自分で魚料理を⑧｛a 作っている　b 作っているとは限らない｝。

自分で釣った魚は新鮮だから、⑨｛a おいしい　b おいしくない｝わけはないが、すぐに食べてしまうのはもったいない気が⑩｛a しない　b しなくもない｝。

13課 나로부터의 발신 1 −감각・강한 느낌・불가능한 판단−
わたしからの発信1 −感覚・強い気持ち・不可能判断−

말하는 사람의 감각이나 강한 느낌, 말하는 사람의 판단 등 마음 속의 내용을 말하는 문형을 정리합시다. 초급 학습에서 감각이나 마음 속의 내용을 말할 때는 보통 말하는 사람(1인칭)을 주어로 해서 말한다고 학습했습니다. 기본은 같습니다.

STARTING TEST　スタートテスト

 I 다음 중 알맞은 것을 고르세요.

❶ { a わたし　b 彼 } は頭が痛い。
❷ { a わたし　b 弟 } は今いる寮が嫌でたまらない。
❸ 親友が留学しているので { a わたし　b 妹 } は寂しくてならない。
❹ { a わたし　b 道子 } はハンサムなあの人のことが気になってしかたがないようだ。
❺ { a わたし　b 祖母 } は写真を見ると、昔のことを思い出さずにはいられないそうだ。

 II ＿＿＿에서 가장 알맞은 것을 골라, ＿＿＿위에 이어서 쓰세요. 필요할 경우는 단어를 추가해서 이어 쓰세요.

> しかない　にすぎない　ようがない　にほかならない　てはいられない

❶ だれもやる人がいないのなら、わたしがやる＿＿＿＿＿＿＿。
❷ 疲れているが、きょうは休＿＿＿＿＿＿＿。夕方までにこのレポートを書かなければならない。
❸ わたしは語学教師＿＿＿＿＿＿＿ので、政治の難しい問題などわかりません。
❹ 森さんが人に細かく注意するのは、あの人の優しさ＿＿＿＿＿＿＿。
❺ 事故で電車が止まってしまった。帰りたくても帰＿＿＿＿＿＿＿。

POINT ポイント1

▶ 말하는 사람의 감각 －말하는 사람의 감각이나 억제할 수 없는 기분을 나타내는 표현－

1. **〜てしかたがない・〜てしょうがない・〜てたまらない**
   ⇒ 〜の気持ちが強くて抑えられない。 〜의 느낌이 강해서 억제할 수 없다.

   動詞て形、イ形容詞くて、ナ形容詞で ＋ しかたがない・しょうがない・たまらない

   - 虫歯が痛くてしかたがない。
   - うちの子は幼稚園が楽しくてしょうがないみたいです。
   - このごろアルバイトが嫌でたまらないんです。

2. **〜てならない** ⇒ 〜というマイナス感情が強くてがまんできない。
   〜(이)라는 마이너스 감정이 강해서 참을 수 없다.

   動詞て形、イ形容詞くて、ナ形容詞で ＋ ならない

   - このごろ腰の痛みが気になってならない。
   - 試合に負けて悔しくてなりません。
   - 大山さんは将来のことが心配でならないらしい。

3. **〜ないではいられない・〜ずにはいられない**
   ⇒ 自然にそうしてしまい、抑えられない。
   자연스럽게 그렇게 되어 버려서 억제할 수 없다.

   動詞ない形 ＋ではいられない
   動詞(~~ない~~+ず　例外　しない→せず) ＋ にはいられない

   - 彼のわがままな態度には腹を立てないではいられない。
   - テレビで見た小さい子どもがかわいそうで泣かないではいられなかった。
   - このドラマはすばらしい。だれでも感動せずにはいられないと思う。

4. **〜ないわけにはいかない・〜ざるを得ない**
   ⇒ どうしてもする必要がある。しないということは不可能だ。
   반드시 할 필요가 있다. 하지 않는다는 것은 불가능하다.

   動詞ない形 ＋ わけにはいかない
   動詞(~~ない~~+ざる　例外　しない→せざる) ＋ を得ない

   - 本人に本当のことを話さないわけにはいかない。
   - 今回の事件では部長自身も辞めないわけにはいかないと考えているようだ。
   - 母が病気で入院したので帰国せざるを得ない。

問題 1-1 다음 중 알맞은 것을 고르세요.

① ふるさとが｛a 遠くて　b 懐かしくて｝しかたがない。
② ふるさとに｛a 帰りたくて　b 帰れなくて｝たまらないんです。
③ ｛a この子は体が弱くて　b わたしはこの子のことが心配で｝ならない。
④ 最近｛a 眠くて　b 眠って｝ならない。
⑤ 疲れて｛a 横にならずには　b 仕事をせずには｝いられなかった。
⑥ 信号が赤になったら｛a 止まらなければならない　b 止まらないではいられない｝。
⑦ 毎晩、眠れないので、｛a この薬を　b 好きなお酒を｝飲まざるを得ない。

問題 1-2 (　) 안의 표현을 사용해서 _____의 말을 바꿔 쓰세요.

① 朝から何も食べていない。おなかが<u>とてもすいた</u>。(～てたまらない)

② 試合に負けて<u>とても残念だ</u>。(～でならない)

③ 猿の動作は本当におもしろくて<u>笑うのを抑えられなかった</u>。(～ずにはいられない)

④ あしたの会議は重要なので、<u>どうしても出席しなければならない</u>。(～ないわけにはいかない)

⑤ この病気を治すためには<u>どうしても手術する必要がある</u>。(～ざるを得ない)

⑥ 一人で泣いている女の子を見て<u>自然に声をかけてしまった</u>。(～ないではいられない)

POINT ポイント2

▶ 말하는 사람의 강한 느낌 −확신·주장·각오를 나타내는 표현−

1 **〜に決まっている** ⇒ 絶対〜だ、と話者が確信を持って言う。
반드시 〜다라고 말하는 사람이 확신을 갖고 말한다.

普通形(ナ形容詞だ　名詞だ) + に決まっている

・こんなに朝早く電話をかけてくるのは、田中君**に決まっている**。
・彼は合格する**に決まっています**よ。この間のテストもよくできたし。
・寝不足は体によくない**に決まっています**。もっと早く寝ましょう。

2 **〜にほかならない** ⇒ 絶対〜だ、それ以外ではない、と話者が評価して断定的に言う。
반드시 〜다, 그거 외에는 없다라고 말하는 사람이 평가해서 단정적으로 말한다.

名詞 + にほかならない
…から・ため + にほかならない

・礼儀とは人への思いやり**にほかならない**。
・わたしが健康を取り戻せたのは、妻の支えがあったから**にほかならない**。
・監督が厳しく選手をしかるのは、選手を精神的に強くするため**にほかならない**。

3 **〜にすぎない** ⇒ ただそれだけだ、と程度の低さを主張する。
그냥 그것뿐이다라고 정도의 낮음을 주장한다.

名詞、普通形(ナ形容詞である　名詞である) + にすぎない

・わたしはただのサラリーマン**にすぎません**。しかし、今度の選挙に立候補するつもりです。
・無名の一市民**にすぎない**わたしに何ができるというの？
・彼はただ経営についての知識がある**にすぎない**。実際の力はまだわからない。

4 **〜しかない・〜（より）ほかない** ⇒ それ以外に方法がない、と覚悟する。
그것 외에 방법이 없다라고 각오한다.

動詞辞書形 + しかない・(より)ほかない
名詞 + しかない・よりほかない

・だれも手伝ってくれないなら、一人でがんばる**しかない**。
・借金を返すためには、この家を売る**しかない**でしょう。
・この仕事、期限までに完成しなければならない。きょうは残業する**ほかない**。

5 **~までだ・~までのことだ** ⇒ ほかに方法がないからがんばってそうするという覚悟を宣言する。
다른 방법이 없으니까 열심히 그렇게 하겠다는 각오를 선언한다.

動詞辞書形 + までだ・までのことだ

・給料が出ないならしかたがない。新しい仕事を探すまでだ。
・ぜひあの大学に入りたい。今年不合格だったらもう1年がんばるまでだ。
・わたしの気持ちを理解してもらえなかったら、離婚するまでのことです。

問題 2-1 다음 중 알맞은 것을 고르세요.

❶ 1日12時間も働いていたら、体を { a 壊すに / b 壊すことに } 決まっているよ。

❷ { a 富士山は日本一高い山 / b 彼の怒りは教育に対する情熱の表れ } にほかならない。

❸ 彼はこの会の { a 会長にすぎない。だいたいのことは彼が決定できる。/ b 一会員にすぎない。彼が決定できることはあまりない。}

❹ 母の老後の世話は { a いろいろな方法より / b わたしがするより } ほかないだろう。

❺ 協力を頼んでもだめだったら、一人で { a やるまでだ。/ b できるまでだ。}

問題 2-2 ▭ 에서 가장 알맞은 것을 골라, ＿＿ 위에 쓰세요.(하나의 단어를 한 번씩 씁니다.)

に決まっている　にすぎない　ほかない　までだ

❶ このケータイ、あの子が壊した＿＿＿＿。さっきおもちゃにして遊んでいた。
❷ この事故の調査を警察がやってくれないというのなら、自分でやる＿＿＿＿。
❸ ぼくが言ったことはただの冗談＿＿＿＿。そんなに怒らないでくれよ。
❹ 富士山の頂上近くまで来たが、天気が悪い。頂上まで行くのはあきらめるより＿＿＿＿。

POINT ポイント3

▶ 말하는 사람의 불가능 판단 −불가능이라고 말하는 사람이 판단하는 표현−

1 **〜わけにはいかない** ⇒ 心理的、社会的事情があってそうできない。
  심리적, 사회적 사정이 있어서 그렇게 할 수 없다.

動詞辞書形 + わけにはいかない

- きょうは車で来たのでお酒を飲む**わけにはいかない**んです。
- みんながまだ仕事をしているので、わたしだけ先に帰る**わけにはいきません**。
- これ、あなたにあげたいけれど、あげる**わけにはいかない**んです。母のものなので。

2 **〜てはいられない** ⇒ 〜している余裕はない。 〜하고 있을 여유가 없다.

動詞て形 + はいられない

- テレビなど見**てはいられない**。あしたは大切な試験なんだ。
- 年末だからのんびり温泉になど行っ**てはいられない**んです。
- うさぎ：ここで昼寝をし**てはいられない**。足の遅い亀さんに追いつかれてしまう。

3 **〜かねる** ⇒ 心理的に抵抗があってそうできない、そうするのは難しい。
  심리적으로 저항감이 들어서 그렇게 할 수 없다, 그렇게 하는 것은 어렵다.

動詞(~~ます~~) + かねる

- 本当のことを親に言い**かね**ています。
- う〜ん、この案には賛成し**かねる**なあ。
- 私にはちょっとわかり**かねます**ので、上司と相談してお返事します。

4 **〜ようがない** ⇒ 方法がなくて（わからなくて）そうできない。
  방법이 없어서(몰라서) 그렇게 할 수 없다.

動詞(~~ます~~) + ようがない

- 彼には連絡し**ようがありません**。電話番号もメールアドレスも知らないんです。
- 本の名前も作者もわからないんですか。それでは調べ**ようがありません**ね。
- いい人かどうかなんて聞かれても答え**ようがない**よ。自分の妹なんだから。

5 **～どころではない** ⇒ (話者が主観的に判断して)そうできる状況ではない。
(말하는 사람이 주관적으로 판단해서) 그렇게 할 수 있는 상황이 아니다.

動詞辞書形、名詞 + どころではない

- きのうは隣のうちがうるさくて勉強どころではなかった。
- 今年は家族旅行どころではないね。出張続きなんだ。
- 現地は天気が悪かったので、海水浴をするどころではなかった。

問題 3 다음 중 알맞은 것을 고르세요.

❶ あしたは大切な書留の郵便が届く日なので、
 - a 留守にするわけにはいかない。
 - b 留守にしないわけにはいかない。

❷ ここでおしゃべりなんか
 - a してはいられないよ。
 - b しないではいられないよ。
 学校に遅刻するよ。

❸
 - a 問題が難しくて正しく答えかねた。
 - b 病気のことを聞かれたが、本当のことは答えかねた。

❹
 - a 交通手段がないのだから、
 - b 疲れているのだから
 きょう中に現地へ行きようがない。

❺
 - a ゴルフ場が工事中なので
 - b 毎日忙しくて
 ゴルフどころじゃないんだ。

정리　まとめ

다음 문장을 읽고, 밑줄의 단어를 ☐ 안의 표현을 사용해 바꿔 쓰세요. (하나의 단어를 한 번씩 씁니다.)

예　かねる　この計画には賛成することはできない。
賛成しかねる

> てたまらない　　てならない　　に決まっている　　てはいられない
> ないわけにはいかない　　ようがない　　しかない

わたしは犬が好きだ。毎日犬と遊ぶのがとても楽しい。
　　　　　　　　　　　　　　　　　　　①
ところが飼っている犬がいなくなってしまった。どこへ行ってしまったのだろう。
ちゃんと世話をしなかったからではないかと思うととても残念だ。
　　　　　　　　　　　　　　　　　　　　　　　　　　　②
今ごろ、あの犬はどこかで絶対クンクン泣いている。でも帰り道がわからないから
　　　　　　　　　　　　③
帰れないのだ。わたしが迎えに行くのを待っているだけなのだろう。だからわたしは
④　　　　　　　　　　　　　⑤
どうしても犬を捜さなければならない。迎えに行かないで、家でじっと犬の帰りを
　　　　　　⑥
待つことはできないのだ。
⑦

14課 나로부터의 발신 2 –말하는 사람의 추측・소원・감탄・제안– わたしからの発信2 −話者の推量・願望・感嘆・提案−

초급에서 추측을 나타내는 「でしょう・らしい」나 충고를 나타내는 「たほうがいい」 등을 학습했습니다. 중급 레벨의 추측, 소원, 감탄, 제안 등을 나타내는 문형에는 말하는 사람의 느낌을 담은 표현이 여러가지 있어서 표현을 풍부하게 할 수 있습니다.

STARTING TEST スタートテスト

 I 다음 중 알맞은 것을 고르세요.

① どうも ｛ a わたし b 林さん ｝ は足が痛いらしい。
② あしたの会に ｛ a わたし b マリ子 ｝ は欠席するに違いない。
③ この2種類の薬をいっしょに飲むと、気分が ｛ a 悪くなる b よくなる ｝ おそれがある。
④ この家は古いので、弱い地震でも ｛ a 倒れ b 倒れない ｝ かねない。
⑤ 台風が近づいているから、よい天気は ｛ a 続く b 続かない ｝ まい。

 II 다음 중 알맞은 것을 고르세요.

① 小さい子をいじめる ｛ a ものではない b ことではない ｝。
② 10代の若い人というのは元気な ｛ a ものだなあ b ことだなあ ｝！
③ 子どもが生まれたら、どんなにうれしい ｛ a ものだろう b ことだろう ｝！
④ 「エネルギー資源を大切に」ということを言うなら、石油エネルギーだけでなく、もっと太陽の熱が使われるようにならない ｛ a ものか b ことか ｝。
⑤ 地球上から意味のない争いが早くなくなってほしい ｛ a ものだ b ことだ ｝。

POINT ポイント1

▶ 말하는 사람의 판단・추측

<초급에서는> あしたは雨が降る**でしょう**。
ヤンさんは部屋にはいない**らしい**です。
目にごみが入った**よう**です。
あしたは国から荷物が届く**はず**です。

1 〜とみえる・〜とみえて ⇒ ある事実の観測から〜と推量できる。
어떤 사실의 관측에서 ~라고 추측할 수 있다.

普通形 + とみえる・とみえて

- 彼女は猫が好きだ**とみえる**。猫のデザインのものをたくさん持っている。
- 彼はきのう眠れなかった**とみえて**、朝からあくびばかりしている。
- 夜中に雨が降った**とみえて**、道路がぬれている。

2 〜に違いない・〜に相違ない ⇒ 〜という可能性がかなり高い。 ~라는 가능성이 상당히 높다.

普通形(ナ形容詞だ/である　名詞だ/である) + に違いない・に相違ない

- マリから返事がない。彼女はぼくのメールを読んでいない**に違いない**。
- 犯人はあいつ**に違いない**。
- 今後2党間の対立は激しくなる**に相違ない**。

3 〜かねない ⇒ 今の状態からみると、〜という悪いことになるかもしれない。
지금 상황에서 보면 ~라는 나쁜 결과가 될지도 모른다.

動詞(ます) + かねない

- よくよく注意しないと、あの子はまたバイクの事故を起こし**かねない**。
- そんな甘い考えでは人にだまされ**かねない**よ。
- 社会の変化が一方の方向にだけ進むと、貧富の差がさらに大きくなり**かねない**。

4 〜おそれがある ⇒ 客観的に見て、〜という危険性がある。
객관적으로 봐서 ~라는 위험성이 있다.

動詞の普通形、名詞の + おそれがある

- 台風13号は関東地方に上陸する**おそれがあります**。
- このままだと病気はもっと悪くなる**おそれがある**。
- 連休の道路は渋滞の**おそれがあります**ので、早めにお出かけください。

5 **〜まい** ⇒ 否定の推量「〜ないだろう」부정의 추측

動詞辞書形 + まい

- 今度の土曜、日曜には雨は降る**まい**と思って、旅行の予約をした。
- 天気予報では、台風は上陸する**まい**と言っているが、本当だろうか。
- 彼が酒を飲んで事故を起こしたなんて、そんなバカなことはある**まい**。

問題 1-1 ( ) 안의 동사를 적절한 형태로 바꿔서 _____ 위에 쓰세요.

❶ きのう何か嫌なことが_____とみえて、彼は今朝から元気がない。(ある)
❷ 彼はきのうかなり_____に違いない。(飲む) 今朝も気分が悪そうだ。
❸ 彼は途中で仕事を_____かねない。(投げ出す) 飽きっぽいから。
❹ 新鮮でないものを食べるとおなかを_____おそれがあります。(こわす)
❺ 不景気はそんなに長くは_____まい。(続く)

問題 1-2 다음 중 알맞은 것을 고르세요.

❶ { a 隣の人は引っ越しをするとみえて、朝から片づけをしている。
   b 朝から片づけをしているとみえて、隣の人は引っ越しをするらしい。

❷ { a わたしは彼の
   b 彼はわたしの } 退職の理由を知っているに違いない。

❸ 風邪薬を飲んだから、{ a 運転すると事故を起こしかねない。
                        b 風邪はすぐよくなりかねない。

❹ 今後、台風は勢力が { a 弱くなる
                      b 強くなる } おそれがあります。

❺ この仕事はきょう中には { a 終わるまい。
                            b 終わるまいだろう。

POINT ポイント2

▶말하는 사람의 소원·감탄

<초급에서는> ああ、旅行した**いなあ**。

楽しかった**なあ**。

「もの・こと」를 사용하는 문형은 영탄적인 감정을 나타낼 수 있습니다.

1　**〜たいものだ・〜てほしいものだ　⇒　ああ、〜たいなあ・〜てほしいなあ。**(소원)

動詞(ます) + たいものだ
動詞て形 + ほしいものだ

- ああ、いつか世界一周旅行し**たいものだ**。
- この子の成長した姿をぜひあの世の夫に見せ**たいものです**。
- 地球上から戦争がなくなって**ほしいものだ**。

2　**〜ないものか　⇒　〜できるといいなあ。**(실현 가능성이 낮은 것을 강하게 바란다.)

可能の意味のある動詞ない形 + ものか

- 空を飛んで今すぐあなたのところに行け**ないものか**。
- 何とかして全国野球大会に出られ**ないものか**。
- わたしたち人間は何とかして長生きでき**ないものか**と考えている。

3　**〜ものだ　⇒　本当に〜だなあ。**(감탄·칭찬)

普通形(ナ形容詞な　名詞だ) + ものだ

- ああ、人間は弱い**ものだ**なあ。
- 世の中は便利になった**ものだ**。何でも機械がやってくれる。
- 5歳の子どもがよくこんなに上手にピアノを弾く**ものだ**。

4　**〜たものだ　⇒　昔よく〜したなあ。**(회상)

動詞た形 + ものだ

- 若いころはよく高い山に登っ**たものです**。
- 昔は映画が好きで、毎週映画館に行っ**たものです**。
- 子どものころ、彼とはよくけんかをし**たものだ**。今はそれが懐かしい。

5 　〜ことか・〜ことだろう ⇒ 非常に〜。(감개·공감)

疑問詞＋普通形(ナ形容詞な / である　名詞である) ＋ ことか・ことだろう

- いじめられていた子どもはどんなにつらかった**ことか**。
- ここから見える富士山のなんと美しい**ことか**。
- 息子が戦地から帰ってくるのを母親はどんなに待っていた**ことだろう**。

問題 2-1 （　）안의 단어를 적절한 형태로 바꿔서 _____위에 쓰세요.

① 来年はぼくも何とかして親から_____ものだ。(独立する)
② 世の中がもっと平和に_____ほしいものだ。(なる)
③ 何とかしてこの子の手術を小林先生に_____ものかと考えている。(頼む)
④ 子犬って本当に_____ものですね。(かわいい)
⑤ 懐かしいなあ。子どものころよくここで_____ものだ。(遊ぶ)
⑥ あのころ、祖母のうちで遊ぶのがどんなに_____ことか。(楽しい)

問題 2-2 다음 중 알맞은 것을 고르세요.

① 地球から貧困がなくなってほしい｛ａ ことか　ｂ ものだ｝。
② 人は大昔から何とかして空を飛べない｛ａ ことか　ｂ ものか｝と考えていた。
③ 友情とはすばらしい｛ａ こと　ｂ もの｝ですね。
④ 母にしかられたことはないのですが、父にはよくしかられた｛ａ こと　ｂ もの｝です。
⑤ 亡くなった母にもう一度会えたらどんなにうれしい｛ａ こと　ｂ もの｝だろう。

POINT ポイント3

▶ 말하는 사람으로부터 듣는 사람에게의 제안

<초급에서는> 野菜もたくさん食べた**ほうがいい**ですよ。
少し休ん**だらどう**ですか。
健康のために、毎日散歩をする**といい**よ。

1　**～べきだ・～べきではない**　⇒　～するのが（～しないのが）当然だ。(충고·조언)
　　　　　　　　　　　　　　　　　 ～하는 것이 (~안 하는 것이) 당연하다.

動詞辞書形 + べきだ・べきではない

- 君、ここで飲んでいないで早く家に帰る**べきだ**よ。お子さんが待っているよ。
- 自分で言ったことなんだから、自分で責任をとる**べき**ですよ。
- こんな台風の日に出かける**べきではない**。危険ですよ。

2　**～ことだ**　⇒　～たほうがいい・～ないほうがいい。(충고·명령)

動詞辞書形/ない形 + ことだ

- 疲れたときはとにかく早く寝る**ことだ**。
- 子どもはのびのび遊ばせる**ことです**。勉強ばかりさせてはかわいそうです。
- やせたいなら間食しない**ことです**よ。

3　**～ものだ・～ものではない**　⇒　～するのが（しないのが）常識だ。
　　　　　　　　　　　　　　　　　 ～하는 것이 (안이) 상식이다.

動詞辞書形/ない形 + ものだ
動詞辞書形 + ものではない

- お年寄りにはもっと優しくする**ものだ**よ。
- ぼくは小さいとき、父によく「子どもは外で遊ぶ**もんだ**」と言われました。
- そんなに人の悪口を言う**ものではありません**よ。

4　**～(よ)うではないか**　⇒　みなさん、いっしょに～しよう。(호소)

動詞う・よう形 + ではないか

- 優勝を目指してがんばろ**うではないか**。
- 3年ぶりの同窓会だ。今夜は大いに飲んで歌お**うではないか**。
- みんなで団結して、政府に抗議しよ**うではありませんか**。

問題 3-1 ( ) 안의 단어를 적절한 형태로 바꾸서 _____ 위에 쓰세요.

❶ 君、奥さんには本当のことを＿＿＿＿＿＿＿＿べきだよ。（言う）
❷ 長生きしたいなら、＿＿＿＿＿＿＿＿ことですよ。（働きすぎる）
❸ 太郎、テレビを見ながらご飯を＿＿＿＿＿＿＿＿ものではありませんよ。（食べる）
❹ みち子さん、そんな汚い言葉は＿＿＿＿＿＿＿＿ものですよ。（使う）
❺ みなさん、環境を守るために、できることから＿＿＿＿＿＿＿＿ではありませんか。（やってみる）

問題 3-2 다음 중 알맞은 것을 고르세요.

❶ 外国旅行のときは必ずパスポートを
　a 持っていくべきだ。
　b 持っていかなければならない。

❷ 人の欠点ばかり
　a 言うべきではない。
　b 言わないべきだ。

❸ ＜学生が先生に＞
学生：先生、電車が遅れて遅刻した人を
　a しからないことですよ。
　b しからないでほしいです。

❹ 候補者：みなさん、明日の投票日にはぜひわたしに1票
　a 入れるものです。
　b 入れてください。

정리 まとめ

안에서 가장 알맞은 것을 골라, 그 기호를 _____ 위에 쓰세요.

A　　a とみえて　　b に違いない　　c まい　　d ことだ

母は田舎で一人で暮らしている。毎日楽しい①_____、電話の声はいつも元気だ。しかし、おとといから何度電話しても留守だった。夜遅くは出かける②_____と思ったが、夜11時になっても母は家にいなかった。何かあった③_____。そう思って、わたしはきょう母のところに行ってみた。

B　　a ないものか　　b ことか　　c ものだ　　d ものではない

母はいなかったが、家の中はきれいになっていた。
何とか母と連絡がとれ④_____と思っていたら、「ただいま」と母の元気な声。
「お母さん、ぼくがどんなに心配した⑤_____。
人にあまり心配をかける⑥_____と、お母さんは自分でよく言っていたのに…。」

C　　a かねない　　b おそれがある　　c たいものだ　　d ものだ　　e ことか

「山に行ったのよ。山に登るって楽しい⑦_____ねえ。」
「その年で山登りは危ないよ。年寄りは転んでけがをする⑧_____んだから。」
そう母に言ったが、母は気持ちだけは元気だから、来年は富士山に登りたいと言い出し⑨_____。富士山は無理だが、できることなら母が丈夫なうちにあちこちの山に連れて行き⑩_____。

会話でよく使われる終助詞

	의미	예문
よ	聞き手が知らないことを伝える 듣는 사람이 모르고 있는 것을 전한다	これ、おいしいですよ。 あ、ヤンさんが来ましたよ。 このビデオ、おもしろかったよ。
ね	同意を求める 동의를 구한다 確認する 확인한다	あの日は楽しかったですね。 これ、おいしいね。 きょうは11日ですね。
よね	確認する　念を押す 확인한다　재확인한다	これ、田中さんのですよね。 田中さんも参加しますよね。 このあたりの郵便番号は177-0044よね。
っけ	忘れたことを思い出す質問 （自分で自分に聞くこともある） 잊어버린 것을 생각해내는 질문 (자기 자신에게 묻는 경우도 있다	会議は何時からでしたっけ。 あの人、だれだっけ。 ハワイへ行ったのは4年前だったっけ。
かな かなあ	疑問を独り言で言う 의문을 혼잣말로 말한다 やわらかい質問 부드러운 질문	林さんはきょう来るかな。 これ、だれの傘かな。 答えは正しいかなあ。
な なあ	感想を独り言で言う 감상을 혼잣말로 말한다	ああ、うれしいな。あしたから連休だ。 彼女、本当にいい人だなあ。 いやだなあ、毎日雨ばかりで…。

15課 정해진 사용법의 부사 決まった使い方の副詞

뒷 문장이 정해진 형태가 되는 부사가 있습니다. 초급에서는 「全然～ない」「たぶん～でしょう」「もし～たら」 등을 학습했습니다. 중급 레벨에서는 더 많은 의미를 가진 부사가 나옵니다. 뒷 문장의 형태와 함께 외우도록 합시다.

STARTING TEST スタートテスト

 問題　　　　에서 가장 알맞은 것을 골라, 그 기호를 _____ 위에 쓰세요.

　　　　a かつて　　b さぞ　　c まもなく　　d いくら　　e くれぐれも

❶ _____3番線に電車が参ります。白線の内側でお待ちください。
❷ _____安くても、要らないものは買いたくない。
❸ 昨夜、南アメリカからお帰りになったんですか。遠いから_____お疲れでしょう。
❹ ＜手紙＞　寒くなりますから、_____お体を大切に。
❺ この森には_____いろいろな動物がいたが、今は少なくなってしまった。

　　　　a 何とかして　　b すっかり　　c 次第に　　d 仮に　　e まさか

❻ 生まれてくる子どもの数はこれからも_____少なくなっていくだろう。
❼ _____もう一度子どもに戻れるとしたら、どんなことがしたいですか。
❽ 最近、調子がよくなかったから、_____オリンピックでメダルがとれるとは思わなかった。
❾ 彼は子どものときから、_____野球選手になりたいと思っていたそうだ。
❿ この町もわたしの子どものころとは_____変わってしまった。

POINT ポイント1

▶ 시간관계의 부사

<초급에서는> 過去を表す文とともに　　リンさんはさっき来ました。
　　　　　　　未来を表す文とともに　　リンさんはもうすぐ来ます。

完了後 완료	もう	リンさんはもう国へ帰った。 妹も弟ももう高校を卒業した。
	すでに 딱딱한 표현	問題点はすでに解決した。 会議で使う資料はすでに準備ができている。
	とっくに 과장된 표현 회화체적	会場に着いたときには、会はとっくに始まっていた。 父：一郎、テレビを見ていないで早く宿題をしなさい。 一郎：宿題なんかとっくにやったよ。
過去 과거	かつて 문장체적	この町はかつて小さい漁村だった。 わたしはかつてイギリスにいたころ、よく博物館に行った。
未来 미래 近い未来 ↓ ↓ ↓ ↓ 遠い未来	まもなく 격식체 표현	まもなく１番線に電車が参ります。 まもなく会議が始まります。みなさんお集まりください。
	そのうち	そのうちあなたも大人になるのよ。 雨はそのうち止むでしょう。ここで止むのを待ちましょう。
	今に 회화체 표현	今にこの町もビルばかりになってしまうだろう。 遊んでばかりいると、今に後悔しますよ。
	いずれ 언젠가, 반드시	人はいずれ年をとるのだ。 いずれお目にかかったときに、もっと詳しくお話しします。

問題　1　다음 중 알맞은 것을 고르세요.

❶ A：あれ、Bさん、{ a もう　　b すでに　　c とっくに } 昼ご飯を食べたんですか。
　　B：ええ、さっき食べました。

❷ このままでは { a とっくに　　b かつて　　c いずれ } この国の教育はだめになるだろう。

③ 部長：工事の計画は進んでいるかね。
　社員：はい、現場の調査も｛a すでに　b かつて　c そのうちに｝終わっています。

④ A：君は営業の仕事の経験があるかね。
　B：はい、わたしは｛a かつて　b そのうち　c いずれ｝S社の営業部で働いていました。

⑤ A：｛a すでに　b もうすぐ　c いずれ｝桜が咲くわね。
　B：そうね。2、3日で咲き始めるでしょうね。

⑥ 夫：この家も｛a すでに　b とっくに　c 今に｝古くなって、住めなくなるだろうね。そのときはどうする？
　妻：先のことなんかわからないわ。

⑦ ご来館の皆様、今、6時5分前です。｛a まもなく　b そのうち　c いずれ｝閉館になります。

⑧ あんな人とは｛a とっくに　b かつて　c いずれ｝別れたわ。今は別の人とつきあっているのよ。

⑨ 消防車が着いたときには、家は｛a すでに　b かつて　c 今に｝半分燃えてしまっていた。

⑩ そんなに働いたら｛a とっくに　b すでに　c 今に｝病気になってしまうよ。

⑪ 先輩：木村先生のレポート、早く出したほうがいいよ。
　後輩：あ、先輩、ご心配なく。｛a まもなく　b とっくに　c かつて｝出しましたから。

⑫ 日本は｛a かつて　b まもなく　c いずれ｝絹の産業が盛んだった。

⑬ バスは｛a すでに　b まもなく　c いずれ｝東京駅に到着いたします。お忘れ物のないようにお願いいたします。

⑭ 母：あの子、勉強する気があるのかしら。
　父：高校生になれば｛a すでに　b かつて　c そのうち｝やる気が出るよ。気長に待とうよ。

⑮ ｛a すでに　b とっくに　c いずれ｝あなたも親になれば、今のわたしの気持ちがわかるでしょう。

POINT ポイント2

▶ 부정문과 함께 쓰는 부사

<초급에서는> この問題は全然難しくないです。

バスがなかなか来ませんね。

きょうはあまり暑くないですね。

わたしは一度もスキーをしたことがありません。

全く	全否定 전부 부정	この映画、全くおもしろくないね。 このごろ全く暇がないんだ。
それほど そんなに そう	程度が高くない 정도가 심하지 않다	このパン、それほどおいしくない。 今はそんなに生活に困っていません。 最近はそう忙しくないです。
たいして	程度が高くない (話し言葉的) 정도가 심하지 않다(회화체 표현)	きょうはたいして仕事が進まなかった。 北海道では夏でもたいして暑くない。
めったに	回数が少ない 횟수가 적다	わたしはめったに映画を見ない。 この地方にはめったに雪は降らない。
必ずしも	部分的に否定 부분적인 부정	日本人が必ずしも日本語ができるとは限らない。 必ずしもわたしに責任があるとは言えない。
何も	必要ない 필요없다	何も新しい物を買わなくてもいい。借りればいい。 何もそんなに怒らなくたっていいじゃないか。
一向に	変化がない 변화가 없다	体の調子は一向によくならない。 ダイエットしているのに一向に体重が減らない。

問題 2 다음 중 알맞은 것을 고르세요.

① 日本の映画？ わたしは { a めったに　b 一向に } 見ないんですよ。
② この本の内容が { a めったに　b 全く } 理解できません。
③ 高い化粧品が { a 何も　b 必ずしも } いいとは言えませんよね。
④ あの人とは今 { a 全く　b 一向に } 関係ありません。
⑤ { a たいして　b 何も } そんなに怒らなくてもいいでしょう。ちょっとたばこを吸っただけで。
⑥ わたしはもともと酒は { a 一向に　b たいして } 好きじゃないんです。
⑦ コンサートが始まってしまったのに、彼女は { a そんなに　b 一向に } 姿を現さなかった。
⑧ このごろぼくは { a 全く　b 必ずしも } 酒は飲んでいないんだよ。一杯も飲んでいないよ。
⑨ よくしゃべる人が { a めったに　b 必ずしも } 明るい人だとは言えませんよね。無口な人でも明るい人がいます。
⑩ このカレー、{ a こんなに　b そんなに } 辛くないね。

▶ 조건문과 함께 쓰는 부사

<초급에서는> もし今地震が起きたらどうしますか。
　　　　　　どんなにがんばってもだめだ。

仮定条件 가정조건	もしも	もしも宝くじにあたったら、何に使いますか。 もしも子ども時代に戻れたら、いろいろやり直せるのに。
	仮に	仮に家を買うとしたら、どんな家がいいですか。 仮にあなたが親だったら、どう考えるでしょうか。
	万一	万一飛行機に乗り遅れたら、どうすればいいですか。 万一事故が起きた場合、すぐ連絡してください。
逆接条件 역접조건	たとえ	たとえ何と言われても、自分の意見をはっきり言おう。 たとえわずかでも、寄付を続けようと思う。
	いくら	いくらがんばったって、もう間に合わないよ。 わたしはいくら疲れていても、必ず自分で食事を作る。
	仮に	仮に親が反対するとしても、わたしは計画を変えない。 仮に家を買うとしても、あと10年先の話だ。
	万一	万一重い病気になっても、わたしはがんばれると思う。 万一電車が止まっても、タクシーで行けばいい。

問題 3 다음 중 알맞은 것을 고르세요.

① もし {a 暇ができたら　　b 春が来たら}、ハイキングに行こう。
② もしも {a 病気になったら　b 高齢になったら}、だれに相談すればいいかな。
③ 仮に、世の中に人間しか {a いないのは　　b いないとしたら}、どんな感じだろうか。
④ 万一子どもが {a ご飯を食べた場合は　　b この薬を口に入れた場合は}、すぐ水をたくさん飲ませてください。
⑤ たとえいい材料が {a ないと　　b なくても}、おいしい料理を作れますよ。
⑥ たとえ {a 留学するとすれば　　b 留学するとしても}、3年後になるだろう。
⑦ いくら {a 頼まれても　　b 頼めば}、嫌なことはやりたくない。
⑧ いくら頭が {a いい人でも　　b 悪い人でも}、この計算はできないだろう。
⑨ 仮に大きい地震が {a 起きたとしたら　　b 起きたとしても} この家は大丈夫だろう。
⑩ 万一電気が {a 止まったら　　b 止まっても}、どうしようか。

▶ 변화를 나타내는 문장과 함께 쓰는 부사

<초급에서는> だんだん暗くなります。
　　　　　　子どもはどんどん背が伸びます。

変化の程度 변화의 정도	一段と	前の程度とははっきり差がある 전과 차이가 크다	今朝は一段と寒くなりましたね。 少しお酒を入れたら、一段といい味になった。
	ますます	変化が続いて前よりもっと 변화가 계속되어 전보다 더	このごろますますきれいになりましたね。 最近仕事の量がますます増えた。
	すっかり	完全に、非常に変化した 완전히, 상당히 변화했다	あたりはすっかり暗くなった。 まあ、太郎君、すっかり大人になったね。
変化の速度 변화의 속도	次第に	変化が少しずつ 조금씩 변화	退院後、次第に体力がついてきた。 入社して5年目、次第に給料が上がってきた。
	徐々に	変化がゆっくり 천천히 변화	これからは徐々に景気が回復するだろう。 少子化は今後も徐々に進むと思う。
	見る見るうちに	変化が目で見えるほど速い 변화가 눈으로 보일 정도로 빠르다	皿の上の氷が見る見るうちに溶けた。 大雨で、川の水が見る見るうちに増えていく。

問題 4 다음 중 알맞은 것을 고르세요.

❶ 夜中から雪が降り出した。朝には｛a 徐々に　b すっかり｝白い世界になっていた。

❷ まあ、花子ちゃん、3年前に比べて｛a 徐々に　b 一段と｝背が高くなりましたね。

❸ この家も買った当時はいい家だったが、｛a 次第に　b 見る見るうちに｝古くなってきた。

❹ 若いときから歴史に興味があったが、このごろ｛a 次第に　b ますます｝歴史の勉強が好きになった。

❺ 彼女が乗った飛行機が空港から飛びたって、｛a 一段と　b 見る見るうちに｝遠くへ行ってしまった。

❻ 古い家を修理したら｛a すっかり　b 徐々に｝きれいになって、新しい家みたいになりました。

❼ 元気だった祖母は、年とともに食欲も体力も｛a ますます　b 徐々に｝なくなってきた。

❽ おかげさまで、このごろ｛a すっかり　b 見る見るうちに｝元気になりました。

❾ 夜が明けて、あたりが｛a ますます　b 次第に｝明るくなってきた。

❿ たくさんぎょうざを作ったが、みんなで食べたので｛a 一段と　b 見る見るうちに｝なくなった。

POINT ポイント 5

▶ 말하는 사람의 느낌을 표현하는 문장과 함께 쓰는 부사

<초급에서는> 依頼・願望の文とともに　　ぜひうちへおいでください。
　　　　　　推量の文とともに　　　　あしたはたぶんいい天気でしょう。
　　　　　　　　　　　　　　　　　　あなたはきっと合格するでしょう。

依頼・願望の文とともに使う副詞 의뢰・소원의 문장과 함께 쓰는 부사

どうか	頼む気持ちを強調する 부탁하는 느낌을 강조하다	どうか合格しますように。 サンタさん、どうかわたしにプレゼントを持ってきてください。
くれぐれも	十分にという気持ちを込める（手紙などで） 충분히라는 느낌을 넣다(편지 등에)	ご家族のみなさんにくれぐれもよろしくお伝えください。 くれぐれもお体を大切にしてください。
何とかして	困難なことだがという気持ちを含む 어렵겠지만이란 느낌을 담다	何とかしてきょう中にやってほしいんです。 来年は何とかして仕事を見つけたい。

推量を表す文とともに使う副詞 추측을 나타내는 문장과 함께 쓰는 부사

おそらく	心配しながら推量する 걱정하며 추측하다	工事はおそらく今年中には終わらないだろう。 おそらく父は本当の病名を知っていたのだろう。
どうも どうやら	不確かな推量 불확실한 추측	どうも風邪を引いたようだ。 今晩はどうやら雪になるらしい。 この店にはどうやらわたしがほしい本はなさそうだ。
もしかしたら もしかすると	自信のない推量 자신 없는 추측	きょうはもしかしたらいいことがあるかもしれない。 もしかしたら彼はあなたが好きなんじゃないかな。
さぞ	感情を込めた推量（思いやり） 감정을 담은 추측 (배려)	さあ、お入りください。外はさぞ寒かったでしょう。 何年ぶりかで国に帰る。家族がさぞ喜ぶことだろう。
まさか	可能性がないと推量する 가능성이 없다고 추측하다	コンピューターの計算にまさかミスはないだろう。 これはまさかうそじゃないでしょうね。

問題 5 틀린 것이 하나 있습니다. 맞지 않는 것에 X 표시를 하세요.

예 先生、ぜひ、わたしの国へ
- a 来てください。
- b いらっしゃいました。 ×
- c おいでください。

① あしたは運動会です。どうか
- a 晴れるでしょう。
- b 晴れますように。
- c いい天気にしてください。

② 国へお帰りになるんですか。では、くれぐれも
- a お体に気をつけて。
- b わたしは心配です。
- c ご両親によろしく。

③ 何とかしてきょう中にこの仕事を終りに
- a できます。
- b したいです。
- c してください。

④ 田中さんは「来たい」と言っていたが、おそらく
- a 来ないだろう。
- b 来ないに違いない。
- c 来なかった。

⑤ あしたはこの辺りでも、どうも雪が
- a 降るらしい。
- b 降ってほしい。
- c 降るようだ。

⑥ もしかしたら10月に家族みんなでアメリカへ
- a 行くかもしれない。
- b 行こう。
- c 行くんじゃないか。

⑦ 仕事が途中なんだから、まさか彼が突然
- a 帰国することはないだろう。
- b 帰国するだろう。
- c 帰国するとは思えない。

⑧ お子さんが生まれたんですか。おめでとう。
みなさんさぞ
- a お喜びでしょう。
- b 大切にしてください。
- c 安心なさったでしょう。

정리 まとめ

다음 중 알맞은 것을 고르세요.

　＜店の前で＞
田中：あ、先輩、アルバイトの面接に来たんですが…。
先輩：ああ、田中君、
　　　アルバイトの面接はとっくに①｛a 終わったよ　b 終わると思うよ｝。
　　　もう少し早く来なければだめだよ。
田中：すみません。でも、残念だなあ。
　　　こんないいバイト、めったに②｛a ある　b ない｝のに…。
先輩：そんなにいいバイト③｛a だよ　b じゃないよ｝。給料がいいアル
　　　バイトが必ずしもいいバイト④｛a と限るよ　b とは限らないよ｝。

　＜田中君の日記-1＞
　きょうバイトの面接に行ったが、時間を間違えてしまった。面接はすでに
⑤｛a 終わった　b 終わっていた｝。残念だったが、先輩の話ではそのバイト
はたいして⑥｛a いい　b よくない｝そうだ。どうやら彼はそのバイトを辞
めたい⑦｛a ようだ　b そうだ｝。もしかしたら、もう別のバイトを⑧｛a 決
めたわけだ　b 決めてあるのかもしれない｝。先輩には「どうかまた⑨｛a 探
したいです　b よろしくお願いします｝」と言って帰ってきた。
　そのうちいいバイトが⑩｛a 見つかっていた　b 見つかるだろう｝。

정리 まとめ

＜1週間後＞
田中：先輩、今度はどんなバイトなんですか。
先輩：君は体は大丈夫？
田中：はい、全く⑪｛ａ問題はありません　ｂ問題が少しあります｝。
先輩：これはきつい仕事だよ。
　　　おそらく1週間で⑫｛ａ辞めたくなると思うよ　ｂ辞めたほうがいいよ｝。
田中：たとえ辞めたく⑬｛ａなったら　ｂなっても｝1か月は続けてみます。
先輩：かつてぼくもそんな気持ち⑭｛ａだったけどね　ｂだけどね｝。
田中：どんな仕事なんですか。
　　　まさか悪い仕事⑮｛ａですか　ｂじゃないでしょうね｝。
先輩：山の上に重い荷物を運ぶ仕事だよ。
田中：……。

＜田中君の日記－2＞
ぼくはこのアルバイトをやることにした。
何とかして1か月は⑯｛ａ続けたい　ｂ続くだろう｝。

16課 접속의 말 接続の言葉

문장을 읽을 때도 쓸 때도 문장과 문장을 연결하는 말(접속사)은 큰 역할을 합니다. 그 말에 따라서 다음에 오는 문장이 예상되기 때문입니다. 초급에서는 「それから」「しかし」 등을 학습했습니다. 중급 레벨에서는 더 많은 의미의 접속사가 등장합니다.

STARTING TEST スタートテスト

 다음 중 알맞은 것을 고르세요.

❶ ＜店で＞　娘：お母さん、この服かわいい！　けど、ちょっと高いね。
　　　　　　　｛a でも　　b それなのに｝約束したんだから、買ってね。

❷ 母：ほんとに、ちょっと高いわね。｛a なお　　b それに｝色もよくないし…。

❸ 娘：でも、試験が終わったら、買ってくれるって言ったでしょ。
　　　｛a だから　　b したがって｝わたし、すごく勉強したんだから。

❹ 母：ほんとに、よく勉強してたわね。でもねえ…。
　　娘：お母さん「試験が終わったら」って言ったでしょ。
　　　　｛a だが　　b それなのに｝買ってくれないなんて、だめだよ！

❺ ＜娘の日記＞　きょうで試験が終わった。試験はだいたいできた。
　　｛a なお　　b もっとも｝一度やったことがある問題ばかりだったが…。

❻ ＜家＞　家を建てることになった。家は生活をする上で最も大切な場所である。
　　｛a しかも　　b もっとも｝一生に一度か二度しかできない高い買い物である。
　　どんな家がいいか、家族5人でずいぶん話し合った。

❼ ｛a それで　　b しかし｝みんながいいと思う家というのは難しい。家族一人一人の好き嫌いは複雑である。

❽ ｛a その上　　b なお｝子どもは自分のことばかり言う。弟と同じ部屋では嫌だとか、自分は犬といっしょに寝る、とか…。

❾ ｛a すると　　b そこで｝わたしは大切なところは子どもの意見は聞かないで、夫婦だけで決めることにした。もちろん子どもたちは反対した。

❿ ｛a ところが　　b なお｝最後には、子どもたちの好きな家ができあがったのだ。

 **ポイント1**

▶ **역접적인 내용의 문장이 온다.**

<초급에서는> このみかんは小さい。しかし、とても甘い。

バイクがほしいです。でも、今はお金がありません。

天気予報は雨でした。けれども、いい天気になりました。

1 **〜だが** ⇒ 앞의 문장과는 맞지 않은 내용을 말하는 문장이 온다. 「しかし」보다 딱딱한 느낌.

・もう一度検査をしてみた。**だが**、結果は同じだった。
・熱がある。**だが**、きょうは仕事を休めない。
・きょうも暑い日だった。**だが**、空気が乾いていて気持ちのいい暑さだった。

2 **ところが** ⇒ 앞의 문장에서 기대한 것과 반대 내용의 사실문장이 온다. 의외감.

・新しい靴を買った。**ところが**、すぐだめになってしまった。
・朝はきれいな青空だった。**ところが**、午後から急に天気が悪くなった。
・彼に会えると思って同窓会に参加した。**ところが**、彼は来なかった。

3 **それなのに** ⇒ 앞의 문장으로 봤을 때 당연하지 않은 사실 문장이 온다. 놀람, 불만.

・大雨が降っている。**それなのに**、選手たちは練習を続けている。
・高い化粧品を使っている。**それなのに**、肌がきれいにならない。
・あの子はまだ8歳だ。**それなのに**、敬語を上手に使う。

4 **それでも** ⇒ 앞의 문장이 사실이라도 그것에 영향 받지 않는다는 내용의 문장이 온다.

・親が心配することはわかっている。**それでも**、わたしは一人で外国へ行く。
・治療費はとても高い。**それでも**、病気を治すためには入院しなければならない。
・この家はもう古いし、不便だし、きれいでもない。**それでも**、わたしはこの家に住み続けたい。

問題 1-1 다음 중 알맞은 것을 고르세요.

❶ 風邪を引いてしまった。だが、{ a あしたは休めない。
　　　　　　　　　　　　　　　 b 熱があるのだ。

❷ 家をリフォームした。ところが、{ a お金が必要だった。
　　　　　　　　　　　　　　　　 b 逆に不便になってしまった。

❸ わたしはていねいに説明したのだ。それなのに、{ a 言葉が難しかったらしい。
　　　　　　　　　　　　　　　　　　　　　　　　 b 彼は理解しようとしない。

❹ 父の年ではもうスキーは無理だ。それでも、父は { a スキーに行きたいと言っている。
　　　　　　　　　　　　　　　　　　　　　　　　 b スキーでけがをした。

問題 1-2 다음 중 알맞은 것을 고르세요.

❶ この子はまだ3歳になったばかりよ。{ a だが　b でも } わたしの気持ちがよくわかるのよ。
❷ いつもの彼はちゃんと時間を守る。{ a ところが　b それでも }、その日はいくら待っても彼は来なかった。
❸ 台風が近づいている。{ a ところが　b それでも } 仕事に出かけよう。
❹ この実験はお金がかかる。{ a だが　b それなのに } 必ず実行するつもりだ。
❺ 最近寒い日が続いている。{ a しかし　b それなのに } もうすぐ春が来るだろう。

POINT ポイント2

▶ 귀결을 말하는 문장이 온다

<초급에서는> お金が足りない。**だから**、アルバイトをしなければならない。

1 **そのため** ⇒ 확실하게 결과를 말하는 문장(사실문, 주로 좋지 않은 결과)이 온다.

- 昨晩は風が強かった。**そのため**、飛行機が１時間も遅れた。
- 今年の夏は涼しかった。**そのため**、果物が昨年ほど甘くない。
- 会社の仕事はストレスが多い。**そのため**、体の具合が悪くなる人もいる。

2 **それで** ⇒ 결과나 경과를 약하게 말하는 문장(사실문)이 온다.

- 隣にマンションが建つことになった。**それで**、今困っている。
- もうすぐ夏休みです。**それで**、子どもたちはとてもうれしそうです。
- きょうは体の具合が悪かった。**それで**、アルバイトに行けなかった。

3 **したがって** ⇒ 논리적인 결과를 말하는 문장이 온다. (문장체적)

- 工事は遅れている。**したがって**、完成は来年３月ごろになる。
- 日本は地震が多い。**したがって**、どんな建物でも地震が起きたときのことを考えておかなければならない。
- ＡとＢは等しい。ＢとＣは等しい。**したがって**、ＡとＣは等しい。

4 **すると** ⇒ 앞의 문장이 계기가 되어 일어난 것, 발견한 것을 나타내는 문장이 온다.

- 窓を開けた。**すると**、かわいい小鳥が入ってきた。
- テレビをつけた。**すると**、おもしろい番組をやっていた。
- 昔の友だちに手紙を出した。**すると**、すぐに返事が来た。

5 **そこで** ⇒ 앞의 문장을 이유로 의지적으로 일어난 행동을 나타내는 문장이 온다.

- 食堂はいつも込んでいる。**そこで**、わたしは弁当を持っていくことにした。
- 好きな小説が映画になった。**そこで**、わたしはすぐ見に行った。
- どの漢字テキストがいいのかよくわからない。**そこで**、店員に聞いてみた

問題 2-1 다음 중 알맞은 것을 고르세요.

① この町は交通が不便である。そのため、{ a 車で通勤したらどうか。 / b 車で通勤する人が多い。 }

② 実験がうまくいかなかった。それで、{ a もう一度やり直そう。 / b もう一度やり直さなければならない。 }

③ 1日5時間、1週間に4日働いている。したがって、{ a 週20時間働いていることになる。 / b もっと仕事を増やしたい。 }

④ わたしは病院でもらった薬を飲んだ。すると、{ a ベッドに入った。 / b すぐに眠くなった。 }

⑤ 体重を減らさなければならない。そこで、{ a 毎日駅まで歩くことにした。 / b ちょっと困っている。 }

問題 2-2 다음 중 알맞은 것을 고르세요.

① 今年の冬は暖かかった。{ a そのため b すると c そこで } 桜が咲くのも早かった。

② ラジオのスイッチを入れた。{ a それで b したがって c すると } 懐かしい音楽をやっていた。

③ この三角形の3辺の長さは等しい。{ a そのため b したがって c そこで } これは正三角形である。

④ 今年の夏は記録的な暑さだった。{ a そのため b すると c そこで }、電気の使用量も今までで最高だった。

⑤ どの候補者がいいかわからない。{ a したがって b すると c そこで } 選挙の演説会に行ってみることにした。

⑥ 法律を変えるという計画が発表された。{ a したがって b すると c そこで } 反対運動が各地で起こった。

POINT ポイント3

▶ 보충적으로 말하는 문장이 온다

1 **ただし** ⇒ 세세한 보충적 내용이나 설명문적인 내용을 말하는 문장이 온다. 사무적인 장면에서 쓴다.

- 月曜日は休館です。**ただし**、月曜日が祭日の場合は、火曜日が休館です。
- このドッグランでは犬を自由に遊ばせることができます。**ただし**、必ず飼い主が見ていてください。
- 人形作りの講習会には無料で参加できます。**ただし**、材料費は実費をいただきます。

2 **なお** ⇒ 보충적인 설명이나 다른 설명을 추가하는 문장이 온다. 격식있는 장면에서 쓴다.

- このばら園では一年中いろいろな種類のばらが見られます。**なお**、園芸の講習会も行っています。
- 詳しいことは案内書でお知らせします。**なお**、ホームページでもご覧いただけます。
- 本日のプログラムは全部終了しました。**なお**、来週は祭日のため、次回は再来週になります。

3 **もっとも** ⇒ 앞의 문장에 부분적인 정정을 하는 문장이 온다.

- 今度のテストはよくできた。**もっとも**、問題も前のより易しかったが。
- 明日から5日間旅行に出かけます。**もっとも**、現地にいるのは3日だけです。
- わたしの趣味は写真。花や山の写真をよく撮っています。**もっとも**、始めてまだ1年ですけど。

4 **ちなみに** ⇒ 관계가 있는 정보를 더하는 문장이 온다.

- 結婚記念日は5月18日です。**ちなみに**、この日はわたしの誕生日です。
- 横浜は港町としても有名だ。**ちなみに**、横浜が港を開いたのは1859年である。
- わたしは花が好きです。花を見ていると幸せな気分になります。**ちなみに**、うちの猫の名前も「ハナ」です。

問題 3-1 다음 중 알맞은 것을 고르세요.

❶ 車でご来館の方のために、東側に駐車場があります。
ただし、 { a 駐車料は無料です。
　　　　　 b 駐車料は有料です。

❷ 全国盆踊り大会には日本中から30団体が参加することが決まっています。
なお、 { a 海外からの参加もあります。
　　　　b 参加を希望する団体はありませんか。

❸ 彼はケーキ職人として自立しようとしている。
もっとも、 { a 本当の自立までは先が長い。
　　　　　　 b これこそが彼の夢だったのだ。

❹ 松田市長は次回の選挙にも立候補するようだ。
ちなみに、 { a 投票率はどうだろうか。
　　　　　　 b 松田市長は72歳。すでに12年間市長をしている。

問題 3-2 다음 중 알맞은 것을 고르세요.

❶ 遅刻した人は試験の会場に入れません。{ a ただし　b もっとも } 電車の事故などで遅れた場合は申し出てください。

❷ わたしは色の中では紫、花の中ではあじさいの花がいちばん好きなのよ。{ a なお　b ちなみに } この花は漢字で「紫陽花」と書くの。

❸ 面接会場は2階の202号室です。{ a もっとも　b なお } トイレは1階と3階です。

❹ きのう初めてシチューを作ってみた。{ a もっとも　b なお } 市販のソースを使ってただ煮込むだけのものだが。

❺ 見学会の参加費は無料です。{ a ただし　b ちなみに } 交通費は自分で払ってください。

POINT ポイント4

▶ 추가하고 싶은 내용을 말하는 문장이 온다

<초급에서는> 雨が降っている。それに、風も強い。

1 また ⇒ 관련있는 다른 내용을 열거하는 문장이 온다.

- 昨年の夏はパリに行った。**また**、年末にはハワイにも行った。
- きのう秋田県は大雪だった。**また**、風も強かった。
- パーティーではわたしがお客様を案内した。**また**、お客様を紹介するスピーチもわたしがやった。

2 その上 ⇒ 앞 문장에 추가하는 내용을 나타내는 문장이 온다.

- 夏休みに練習問題の宿題がたくさん出た。**その上**、作文の宿題もある。
- この町には文化施設が多い。**その上**、子どものための遊び場も多い。
- 食堂のメニューはどれも安い。**その上**、おいしいし、栄養のバランスもいい。

3 しかも ⇒ 앞 문장 이상의 것, 또는 역접적인 것을 추가하는 문장이 온다.

- この店の品物はとてもいい。**しかも**、値段が安い。
- 20ページぐらいのレポートを書かなければならない。**しかも**、明日までに、だ。
- 彼女は仕事がとても速い。**しかも**、ミスがほとんどない。
- この掃除機はごみを吸い取る力が非常に強い。**しかも**、消費電力は少ない。

4 そればかりか ⇒ 앞 문장의 내용 뿐만 아니라 다른 것도 있다는 의미의 문장이 온다.

- 大学生の学力が低下している。**そればかりか**、がまんする力がない人が多い。
- 入社試験はとても難しかった。**そればかりか**、あいさつのしかたや電話のかけ方までやらされた。
- 留学時代、保証人はわたしにいろいろなことを教えてくれた。**そればかりか**、時々お金をくれた。

問題 4 다음 중 알맞은 것을 고르세요.

❶ 明日、昼は部長会議がある。また、夜は ｛ a 営業部員との話し合いがある。
　　　　　　　　　　　　　　　　　　　 b 久しぶりで早く帰れる。

❷ いとこのうちではやぎ、犬、うさぎ、にわとりなどを飼っている。
　その上、 ｛ a 猫がいない。
　　　　　 b 花もいろいろ育てている。

❸ 田中先生はいつも易しい言葉で説明する。しかも、 ｛ a 教える内容は高度だ。
　　　　　　　　　　　　　　　　　　　　　　　　　 b わかりやすい。

❹ わたしの兄は、だれにも言わずにぶらりと旅行に出かけることがある。
　しかも、 ｛ a 目的地さえ決めていないようだ。
　　　　　 b 目的地ははっきり決めているようだ。

❺ この店の品物はデザインもよくて、丈夫だ。その上 ｛ a 値段も高くない。
　　　　　　　　　　　　　　　　　　　　　　　　　 b 値段は高い。
　そればかりか ｛ a 店員が商品の説明がよくできない。
　　　　　　　　 b 店員が親切に商品の説明をしてくれる。

정리1　まとめ1

□ 안에서 가장 알맞은 것을 골라, 그 기호를 _____ 위에 쓰세요.

A　a ところが　b そのため　c すると　d そこで　e ただし

1. インフルエンザが流行している。_____、休校になる学校が増えている。
2. リトマス試験紙を入れてみた。_____、すぐに色が変わった。
3. ニュースで入梅が発表された。_____、いい天気の日が続いている。
4. ここは駐車禁止です。_____、大きい荷物を下ろすために、長時間車を止める場合などは申し出てください。
5. これまでの実験方法には問題点が多い。_____、わたしは別の方法を試してみた。

B　a それでも　b したがって　c なお　d もっとも　e しかも

1. この仕事は給料も安いし、気持ちも疲れる仕事だ。_____、わたしはこの仕事を続けたい。
2. この絵本の原画展は2階ホールで6月1日から7日までです。_____、初日はサイン会もあります。
3. ここ数日暑い日が続いている。_____、湿度もかなり高い。
4. この会の参加者は56人、会費は一人3,000円である。_____、当日の収入は168,000円になる。
5. わたしは3食ちゃんとうちで食事をします。_____、おかずはできたものを買いますが…。

C　a だが　b すると　c そこで　d しかも　e もっとも

＜ごみ問題＞（1〜5까지의 문장은 하나의 글입니다.）

1. ごみ問題についてはいろいろな問題点が出ている。_____、なかなかいい解決案が出てこない。
2. この問題は複雑である。_____、わたしたちの生活の上で大切な問題だから、知っておいたほうがいいと思った。
3. _____、わたしは、「ごみ問題」をインターネットで調べてみた。
4. _____、たくさんの情報が出てきた。
5. _____、すぐに毎日の生活に役立つ情報は多いわけではなかったが…。

정리2 まとめ2

다음의 접속사를 어디에 넣으면 좋을까요? (　　) 안에 쓰세요.
접속사를 넣을 수 없는 곳에는 ×표시를 하세요.

예　**しかし　だから**

きょうはとても暑い。（　**×**　）、34度もある。（　**だから**　）、体の具合がよくない。
（　**しかし**　）、この暑さもあともう少しだ。

❶　**だが　しかも**

わたしたちは新聞を読んで人間社会の姿を知る。（　　　）、新聞を通して知る人間社会は実際の姿そのものではない。（　　　）、新聞記者によって書かれた「第二の真実」なのである。（　　　）、記事は新聞社の方針からはずれないようにして書かれている。

❷　**すると　そこで**

長い間同じ新聞を読んでいると気がつかないことがあるだろう。（　　　）、わたしはある時、3社の新聞を読んで比べてみた。（　　　）、同じ社会問題でも扱い方がだいぶ違うことがわかった。（　　　）、記事の書き方が違うだけではなく、扱い方を軽くするか重くするかにも差がある。

❸　**それで　また**

わたしは将来、新聞社で仕事をしたいと思っている。（　　　）、新聞の報道は注意して読むようにしている。（　　　）、週刊誌にもとても関心がある。（　　　）、良くも悪くもマスコミの持つ影響は大きいと思う。

❹　**それでも　もっとも**

今まで何度か新聞の投書欄に投書したことがある。（　　　）、実際に採用されたのは2回だけだが。（　　　）、一生懸命書いたのに新聞に載らないとがっかりする。（　　　）、あきらめないで時々投書文を書こうと思う。

❺　**そればかりでなく　ちなみに**

投書文を書くのはものを考えるいい練習になる。（　　　）、自分の意見を整理できるからだ。（　　　）、ほかの人の意見にも関心を持つようになる。（　　　）、おととい書いた文の題は「まず聴こう」というものだった。

感情・呼びかけ・応答などに使われる言葉

회화에서는 다음과 같은 말이 자주 사용됩니다.

	의미	예문
ああ	感動・感情・感覚 감동 · 감정 · 감각	ああ、きれいねえ、この花。 ああ、疲れた。
あっ	見て驚いたとき 気がついたとき 보고 놀랐을 때, 깨달았을 때	あっ、危ない！ あっ、バスが来た。
あれ	意外・疑問 의외 · 의문	あれ、これ、だれのかな。 あれ、わたしの傘がない。
おや		おや、これは何だろう。 おや、変なにおいがしますね。
あのう	言い出すとき 말을 시작할 때	あのう、すみませんが…。 あのう、これ、使ってもいいでしょうか。
ええと	考えているとき 생각하고 있을 때	全部で、ええと…、いくらかな。 この漢字の読み方は、ええと…。
えっ	話を聞いて驚いたとき 얘기를 듣고 놀랐을 때	えっ、本当ですか。 えっ、10万円？ 高すぎますよ。
さあ	相手に行動を促すとき 상대에게 행동을 촉구할 때	さあ、始めましょう。 さあ、みんなで歌おうよ。
	よくわからないとき 잘 모를 때	この薬がいいかどうか？ さあ、わかりません。 あの人の住所？ さあ、知りません。
あら	軽い驚き（女性が使う） 가벼운 놀람 (여성이 쓴다)	あら、こんなところにハンカチが落ちてる。 あら、雨が降ってきた。
まあ	感動（女性が使う） 감동 (여성이 쓴다)	まあ、田中さん、お久しぶりですね。 まあ、太郎君、大きくなったわね。

17課 어휘를 넓히다 語彙を広げる

말에 어떤 의미를 가지는 다른 말을 추가함에 따라 그 말의 의미가 커집니다.

STARTING TEST スタートテスト

 I 다음 중 알맞은 것을 고르세요.

❶ 新聞を読むといろいろな話が出ている。あり { a 得ない   b かける } ような話もある。

❷ 仕事の合間に4年かかって1,000キロを歩き { a ぬいた   b かけた } 人がいるそうだ。

❸ どんなことも、長くやり { a 通す   b かける } というのは大変なことだ。

❹ 料理を作り { a 通した   b かけた } まま電話で長話をしていて、火事になったという記事もあった。

❺ きのうのサッカーの試合では、選手たちは力を全部出し { a 通して   b きって } 勝った。こういう話はうれしい。

 II ＿＿＿에서 가장 알맞은 것을 골라, _____위에 이어서 쓰세요.

> 気味　っぱなし　め　だらけ　っぽい

花子さんは20年前に田中さんと結婚しました。

❶ 結婚したころの花子さんはスマートでしたが、今は食べる量が多_____で、太っています。

❷ 花子さんは昔はよく掃除をしましたが、最近は風邪_____だと言って寝てばかりいます。

❸ それで、部屋も台所もごみ_____です。

❹ 花子さんはテレビを見ていないときも、テレビをつけ_____にしています。

❺ 田中さんも昔は優しい人でしたが、今はかなり怒り_____です。

POINT ポイント1

▶ 동사의 의미를 넓히는 말

<초급에서는> わたしは4歳からピアノを習い始めました。

父は83歳まで働き続けました。

もう作文を書き終わりましたか。

만드는 법　動詞（ます）＋〜

용법　　　動詞にいろいろな意味を添える。 동사에 여러 의미를 보탠다.

1　**〜かける** ⇒ 動作を始めたがまだ途中の段階。 동작을 시작했지만 아직 도중 단계.

- 手紙を書き**かけた**が、大切な用事を思い出して外出した。
- 彼女はコーヒーを飲み**かけ**のまま、どこへ行ってしまったんだろう。
- この町に来たら、忘れ**かけて**いた昔のことを思い出した。

2　**〜きる** ⇒ 最後まで〜する、十分〜する。 마지막 까지 〜하다, 충분히 〜하다.

- 油が少しだけ残っているから、使い**きって**しまいましょう。
- 短時間で読み**きれる**短編小説が好きだ。
- 人間は1年に1歳年をとるということは、わかり**きった**ことだ。

3　**〜ぬく** ⇒ がんばって最後まで〜する。 열심히 마지막까지 〜하다.

- これは一晩中考え**ぬいて**出した結論です。
- このマラソン大会は最後まで走り**ぬく**ことに意義があるのだ。
- 全力を尽くして戦い**ぬこう**。

4　**〜通す** ⇒ 状態を最後まで変えないで貫く。 상태를 마지막까지 바꾸지 않고 유지한다.

- 彼は30年間がんばり**通して**今の会社を作ったのだ。
- 3歳の子どもが10キロの道を歩き**通して**隣の町まで行った。
- 母は自分の病気のことをわたしに聞いたが、わたしは最後まで黙り**通した**。

5 **～得る（うる／える）** ⇒ ～することができる、可能性がある。
～ㄹ/을 수 있다, 가능성이 있다.

- 考え得る方法はみんなやってみたが効果はなかった。
- このビルが倒れるなんて、そんな事故が起こり得るだろうか。
- あの人が結婚？　あり得ないよ。そんなこと。

6 **～かねる** ⇒ 13課

問題 1 다음 중 알맞은 것을 고르세요.

❶ 彼は90年間厳しい人生を生き｛a かけた　b ぬいた　c 得た｝。

❷ 長い間わたしはこの意見を主張し｛a かけて　b 通して　c 得て｝、とうとう認められた。

❸ あきらめないで最後までやり｛a かけよう　b ぬこう　c 得よう｝。

❹ こういうことになるとはだれも想像し｛a きれなかった　b 通せなかった　c 得なかった｝。

❺ Ｂ５サイズのコピー用紙はもう使い｛a きって　b ぬいて　c 通して｝しまいました。

❻ あり｛a きれない　b 通せない　c 得ない｝ことが起こってしまったんですよ。

❼ ここにある商品を全部売り｛a かけてから　b きってから　c 通してから｝新しい商品を並べよう。

❽ 洗面所には使い｛a かけの　b ぬきの　c 通しの｝化粧品がいろいろ並んでいる。母が次々に買うからだ。

❾ 家を出てちょっと歩き｛a かけたが　b 通したが　c 得たが｝、忘れ物を思い出して家に戻った。

❿ わたしの頭の中にあるアイディアは出し｛a かけて　b きって　c 得て｝しまった。もう頭の中は空っぽだ。

⓫ 水泳クラブのトレーニングで、太郎は1,000メートルを泳ぎ｛a きった　b 通した　c 得た｝。

POINT ポイント2

▶ 상황·경향의 의미를 더하는 말

<초급에서는> 先生の説明はいつもわかりやすいです。

字が小さくて読みにくいです。

このシャツ、わたしには小さすぎます。

만드는 법　動詞(ます)、イ形容詞い、名詞＋〜

용법　　　動詞、形容詞、名詞にいろいろな意味を添える。
동사, 형용사, 명사에 여러 의미를 보탠다.

1　**〜がち**　⇒　そうなりやすい傾向がある。(マイナスの評価)
그렇게 되기 쉬운 경향이 있다.(마이너스 평가)

- 最近、曇りがちの天気が続く。
- 雨のち晴れの日は電車の中に傘を忘れがちです。気をつけましょう。
- 1時と7時の聞き違いはありがちなことですね。

2　**〜気味**　⇒　少し〜の傾向がある。조금 〜의 경향이 있다.

- きょうはちょっと風邪気味だから早く寝よう。
- このごろ運動不足で太り気味なんです。
- 最近疲れ気味だ。体のどこかが悪いのかな。

3　**〜っぱなし**　⇒　〜して元に戻さなければならないのに、そのままの状態。(マイナスの評価) 〜해서 원래대로 해 놓아야 하는데 그대로인 상태.(마이너스 평가)

- ほら、バターが出しっぱなしよ。ちゃんと冷蔵庫にしまって。
- ドアを開けっぱなしにしないでください。
- 服の脱ぎっぱなしはだめよ。ハンガーにかけておいてね。

4　**〜きり**　⇒　〜した後、それに続くはずのことが起こらない状態。
〜한 후, 그 후에 계속되어야 할 것이 일어나지 않는 상태.

- 叔父は10年前にブラジルに行ったきり、もう長い間連絡がない。
- 「わたしは家を出ます」と言ったら、夫は目をつぶったきり何も言わなかった。
- 正夫は朝から部屋に入ったきり、呼んでも出てこない。

5 ～だらけ ⇒ よくないものがたくさんある。（マイナスイメージ）
좋지 않은 것이 많이 있다. (마이너스 이미지)

・このテスト、間違いだらけだね。もっと勉強しなさい。
・子どもたちが砂場で泥だらけになって遊んでいる。
・大切なアルバムがほこりだらけになっている。

6 ～っぽい ⇒ ～の感じがする、よく～してしまう。 ～의 느낌이 있다・자주 ～해 버린다.

・あの黒っぽい服を着た人はどなたですか。
・彼女はいつまでも子どもっぽいね。
・父はこのごろ怒りっぽくなった。

7 ～め ⇒ 程度が少し～だ。 정도가 조금 ～다.

・大きめの軽い傘はありませんか。
・わたしは辛めの味の料理が好きだ。
・どんなことでも早めに準備したほうがいい。

問題 2 다음 중 알맞은 것을 고르세요.

❶ 血圧が ｛a 高めの　　b 高っぽい｝ 人は気をつけましょう。
❷ ああ、このごろ ｛a 忘れっぱなしに　　b 忘れっぽく｝ なってしまった。
❸ わたしはかわいい服より ｛a 男っぽい　　b 男だらけの｝ 服の方が好きだ。
❹ こんな ｛a 水っぽい　　b 水だらけの｝ 酒はおいしくない。
❺ あら、足が ｛a 傷気味　　b 傷だらけ｝ じゃないの。どうしたの？
❻ 祖父は頭が ｛a 白髪だらけに　　b 白髪っぽく｝ なったが、気だけはまだまだ若い。
❼ この靴下、｛a 穴気味　　b 穴だらけ｝ よ。
❽ このアパートは台所が ｛a 広すぎ　　b 広め｝ で使いやすいです。
❾ 体がなんとなく ｛a 熱気味　　b 熱っぽい｝ です。風邪を引いたかもしれません。
❿ きょうは雪のため、電車が ｛a 遅れ気味　　b 遅れっぽい｝ です。
⓫ 父は朝からテレビの前に ｛a 座ったきり　　b 座り気味で｝、動かない。
⓬ このごろ野菜の値段が ｛a 上がり気味　　b 上がりっぽい｝ です。

정리 まとめ

안에서 가장 알맞은 것을 골라, 적절한 형태로 바꿔서 _____ 위에 쓰세요.

A め　がち　きり　得る　かける　通す

　子どものころ、わたしは①病気_____で、学校をよく休んだ。病気が②治り_____ても、すぐまた悪くなった。
　1年間、学校を休まずに③通い_____ことはできなかった。小学3年生のときは、3か月④通った_____、その後ずっと学校へ行けなかった。
　今ではすっかり元気になって、肩も厚く、足もほかの人より少し⑤太_____だ。子どものころのわたしを知っている人には⑥想像し_____ことだろうが…。

B 気味　だらけ　っぽい　っぱなし　きる

＜会社で＞
田中：久しぶりにこの課に来てみたら、木村君、机が①散らかし_____だね。電話も見えないくらい②紙くず_____じゃないか。
木村：あ、先輩、お久しぶりです。
　　　ここ数日、仕事が③遅れ_____で、いつも忙しくて掃除ができないんですよ。今の仕事が終わったら、きれいにします。
田中：ほう、がんばっているね。何をやっても④飽き_____と、自分で言っていたけど、そうじゃないんだね。
木村：ええ、この仕事はぼくの力を⑤出し_____て、やってみたいんです。もう少しです。

18課 딱딱한 문장 硬い文章

일본어의 문장 스타일은 여러가지로 때와 장소에 따라 구별해서 씁니다. 논설문이나 보고서 등의 문장은 일상회화에서 쓰는 것들과는 달리 딱딱하게 씁니다. 이런 딱딱한 문장을 읽거나 쓰거나 하는 것도 중급 레벨의 학습포인트입니다.

STARTING TEST スタートテスト

 I 논설문·정중한 표현으로서, 알맞은 것을 고르세요.

① 日本では女性の70％が「結婚したら自分のことより家族を中心に考える」と｛a 答えている　b 答えてるんだ｝。
② A社の｛a 調査じゃ　b 調査では｝詳しいことはわからない。
③ スイスやドイツでは自然と風景を生かした都市造りが進んでいる｛a そうだ　b んだって｝。
④ 酒を飲んで運転した上に事故を起こした人が、どんなに言い訳を｛a したところで　b したって｝みんなの理解は得られないだろう。
⑤ 当日は雨も｛a 降らず　b 降らなくって｝、天候に恵まれた。

 II 논설문·정중한 표현으로서, 알맞은 것을 고르세요.

① この町の高齢化は｛a 次第に　b だんだん｝進みつつある。
② 象は何かの方法で互いに情報を交換しあっている｛a みたいだ　b ようだ｝。
③ 林氏の｛a 述べた　b しゃべった｝演説の内容はよく理解できた。
④ 地球の温暖化は｛a どんどん　b 急速に｝進んでいる。
⑤ 田中氏のきょうの会議での発言は、｛a 全然　b 全く｝意味がわからないものであった。

 POINT ポイント1

▶ 보통체의 문장

딱딱한 문장은 보통체(だ・である体)로 쓰는 경우가 많습니다.

예
- これは夏目漱石の作品である。
- この町は公園が少ない。
- 日本は高齢化が進んでいる。

 1-1 공란을 채우세요. (주의 : 「である」형이 되는 것은 ＊표시가 있는 것 뿐입니다.)

	丁寧体(です・ます体)	普通体(だ・である体)
動詞	問題があります	①
	問題がありません	②
	問題がありました	③
	問題がありませんでした	④
イ形容詞	安いです	⑤
	安くないです	⑥
	安かったです	⑦
	安くなかったです	⑧
ナ形容詞	健康です	⑨　　　　　／健康である＊
	健康ではありません	⑩
	健康でした	⑪　　　　　／健康であった＊
	健康ではありませんでした	⑫
名詞	学生です	⑬　　　　　／学生である＊
	学生ではありません	⑭
	学生でした	⑮　　　　　／学生であった＊
	学生ではありませんでした	⑯
その他	雨が降るでしょう	⑰　　　　　／雨が降るであろう＊
	便利なのです	⑱　　　　　／便利なのである＊
	使いましょう	⑲
	読んでください	⑳ 読んでほしい・読んでもらいたい

問題 1-2 _____의 부분을 보통체(だ・である体)로 만드세요.

① イルカはどんな動物でしょうか。

② わたしはイルカについて研究したいです。

③ わたしは今までイルカのことをあまり知りませんでした。

④ わたしはイルカについて調べました。

⑤ イルカについていろいろなことがわかりました。

⑥ イルカは海の中に住んでいる動物です。

⑦ イルカは魚ではありません。

⑧ イルカは水中にある物を探すことができます。

⑨ イルカにはいろいろな能力があります。

⑩ イルカの脳は大きいです。

⑪ イルカは社会的動物なのです。

⑫ イルカは頭がいいらしいです。

⑬ イルカには言語がありますか。

⑭ イルカは人間の言葉がわかるかもしれません。

⑮ イルカが会話をするかどうか調べてみましょう。

POINT ポイント2

▶ 연용중지형

딱딱한 문장에서는「～て・～くて・～で」대신에 연용중지형(連用中止形)이 자주 사용됩니다.

예
- 役所では調査を行い、報告をした。
- 日本では、6月、温度が高く、湿度も高い。
- この住宅地は通勤に不便であり、人気がない。

만드는 법

	～て・～くて・～で	연용중지형(連用中止形)
動詞	行って	行います → 行い
		예외 （～て）いて → （～て）おり
	行わないで	行わない+ず → 行わず
		예외 しないで → せず
イ形容詞	高くて	高くて → 高く
	高くなくて	高くなくて → 高くなく
ナ形容詞・名詞	不便で・不便であって	不便であります → 不便であり
	子どもで・子どもであって	子どもであります → 子どもであり

＊주의: 동사의「～て형」을 사용한 문장 모두가 연용중지형이 되는 것은 아닙니다.

연용중지형(連用中止形)을 사용할 수 있는 것은 주로 다음과 같은 경우입니다.

1. **並列を表す**
   문장을 열거한다
   - 動物は酸素を吸い、炭酸ガスを吐き出す。
   - この学校では特別な校則を作らず、生徒の自主性に任せている。
   - このテキストはイラストが多く、文字が少ない。

2. **対立を表す**
   대립을 나타낸다
   - 男性の平均寿命は78歳であり、女性の平均寿命は85歳である。
   - この地方は、冬は非常に寒く、夏は非常に暑い。

3. **行為の順序を表す**
   행위의 순서를 나타낸다
   - 午前中家で3時間働き、午後出勤した。
   - アンケート調査をし、表にまとめた。

問題 2 _____의 부분을 연용중지형으로 만드세요.

① コンサートは午後2時に始まって、5時に終わった。

② 子どもはよく遊んで、よく寝る。

③ きょうはあまり寒くなくて、風もない。

④ 大切なのは続けることであって、いい結果を出すことではない。

⑤ 彼は立ち上がって、大声で叫んだ。

⑥ うちでは妻が外で働いていて、ぼくは家で小説を書いている。

⑦ 休日はどこへも行かないで、家で本を読む。

⑧ 先生は一言も言わないで、教室を出て行った。

⑨ わたしが今ほしいものはお金ではなくて、時間である。

⑩ 次の文章を読んで、質問に答えよ。

⑪ わたしの研究所は山の上にあって、通勤には2時間かかる。

⑫ 交通費は安くなくて、わたしにはかなりの負担である。

▶ 딱딱한 문장에서 사용되는 말

딱딱한 문장에는 문장에 맞는 단어를 사용합니다.

	회화나 가벼운 문장에서는…(예)	딱딱한 문장에서는…(예)
接続の言葉	だから でも　だけど	そのため　したがって しかし　だが
副詞など	いっぱい すごく　とっても やっぱり ちょっと どんどん だんだん 全然 もっと 〜なんか 〜みたいな	多数　大勢　たくさん 非常に　たいへん やはり 少し　多少 急速に 次第に 全く さらに　より 〜など 〜のような
文末	だめだ。 …みたいだ。	よくない。　いけない。 …ようだ。　…らしい。
その他	こっち　そっち　あっち　どっち 축약형（例　食べなくちゃ）	こちら　そちら　あちら　どちら 보통형（例　食べなければ）

問題 3-1 _____의 말을 딱딱한 문장에 맞는 단어로 바꿔쓰세요.

❶ この報告書はすごく難しい。

❷ これからこの町の人口はだんだん減っていくだろう。

❸ 結果が出るまでもうちょっと待ったほうがいい。

④ 町の様子はどんどん変わっていった。

⑤ 原因はやっぱり修理ミスだった。

⑥ 全然変化が見られない。

⑦ どっちの場合でも同じ結果である。

⑧ 個人情報を守らないのはだめだ。

 3-2 _____의 말을 딱딱한 문장에 맞는 단어로 바꿔쓰세요.

❶ この問題はそれほど簡単じゃない。

❷ 詳しく説明しなきゃならない。

❸ 市長はすぐやると言ってた。

❹ これが大問題なんだ。

❺ 途中で意見を変えちゃうのはよくない。

❻ 資源を大切にしなくちゃならない。

❼ この方法じゃ、いい結果は出ないんじゃないか。

❽ 問題点が全くわかんない。

❾ いくら時間があったって、できないことはできない。

❿ すぐ捨てちゃおうって思った。

정리1　まとめ1

아버지와 어머니가 신문을 읽은 뒤, 아이에게 이야기하고 있습니다. 아버지와 어머니가 읽은 원래의 신문 기사는 어떤 문장이었습니까? 아래 _____ 에 쓰세요.

父：まあちゃん、きょうの新聞にこんなことが書いてあったよ。
　　人が優しく笑った顔は人と人との関係をよくするよね。これは①知ってるでしょ。
　　相手の笑顔を見れば安心するし、②こっちも優しい気持ちになれる。
　　自分でも大笑いした後は心が軽くなることは、経験からもわかるよ。
　　③それだけじゃないよ。笑いには病気を治す力が④あるってことがわかって
　　きたんだって。
母：そうよ。そのことを初めて発表したのはアメリカのノーマン・カズンズ⑤っ
　　ていう人よ。
　　カズンズさんは重い病気に⑥かかったけど、笑いが体にいいと考えて、毎日
　　おもしろい番組やビデオを見た。そうしたら⑦だんだん痛みが取れて、元のよ
　　うに健康になったんだって。
父：このことから研究が進んで、今では笑いには医学の方面でも⑧いろんな効果が
　　あることが⑨わかってるんだよ。
母：そうそう、毎日いっぱい⑩笑いましょう。無理に笑顔を作るだけでも効果があ
　　るって書いてあったわ。

新聞の記事

　人間が優しく笑った顔は人間関係をよくするということはだれでも①_____。相手の笑顔を見れば安心するし、②_____も優しい気持ちになれる。
　自分でも大笑いした後は心が軽くなることは、経験からもわかる。
　③_____。笑いには病気を治す力が④_____がわかって
きた。
　このことをはじめて発表したのはアメリカのノーマン・カズンズ⑤_____。
彼は重い病気に⑥_____、笑いが体にいいと考えて、毎日おもしろい番
組やビデオを見た。すると、⑦_____痛みが取れ、健康を取り戻した。
　このことから研究が進み、今では笑いには医学の方面でも⑧_____効果があ
ることが⑨_____。
　毎日大いに⑩_____。無理に笑顔を作るだけでも効果がある。

정리2 まとめ2

다음 문장의 _____ 부분은 정중한 문장 스타일에는 맞지않는 표현입니다. 알맞은 표현으로 바꿔 쓰세요.

都市生活をもっと豊かなものにするために、何年かかったって、大きい公園を造って
　　　　　　　　　　　　　　　　　　　　　　　①
緑を豊かにし、美しい街を作る計画を進めなくちゃなんない。
　　　　　　　　　　　　　　　②
そのためには、経済の発展の中心は企業なんだっていう考え方を、反省する必要が
　　　　　　　　　　　　　　　　　　③
あるでしょう。
④
現在では、オフィスビルは立派なんだけど、その立派なオフィスビルと、周りの普通
　　　　　　　　　　　　⑤
の家との差がすごく大きい。
　　　　　　⑥
ビルと個人の住宅と緑の空間とがバランスよく整備された街を計画しなくちゃだめだ。
　　　　　　　　　　　　　　　　　　　　　　　　　　　　　　⑦
もちろん一般の市民も自分の家のことだけを考えるんじゃなく、広く街の景観に目を
　　　　　　　　　　　　　　　　　　　⑧
向けるべきだ。そして、公共の目的のためには少しぐらい制限があるのも

しょうがないという考え方をしていきたいもんだ。
⑨　　　　　　　　　　　　　　　⑩

19課 정중한 표현 ていねいな言い方

중급이 되면 초급에서 학습한 경어 외에 더 많은 경어를 학습합니다. 또한 자기가 속한 쪽(내측)과 타인측의 관계에 대해서도 생각할 필요가 있습니다. 경어 뿐만 아니라 무례한 표현이 되지 않는 말도 알아둘 필요가 있습니다.

STARTING TEST スタートテスト

 Ⅰ 다음 중 알맞은 것을 고르세요.

❶ もしもし、田中と申しますが、ご主人様 ｛ a おりますか　b いらっしゃいますか ｝。

❷ もしもし、川上さん ｛ a でございますか　b でいらっしゃいますか ｝。

❸ お客様、使い方については10ページを ｛ a ご覧ください　b 拝見してください ｝。

❹ 課長、先ほどから ABC 社の山田様が ｛ a お待ちです　b 待たれます ｝。

❺ 先生、この本明日まで ｛ a 拝借しても　b お借りになっても ｝ いいでしょうか。

 Ⅱ 다음 중 알맞은 것을 고르세요.

❶ 先生、お荷物、重そうですね。私が ｛ a 持ってあげます　b お持ちいたします ｝。

❷ 先生、フランス語 ｛ a をお話しになりますか　b がお話しになれますか ｝。

❸ ＜授業の後＞
先生、｛ a ご苦労さまでした　b ありがとうございました ｝。

❹ 課長、お忙しそうですね。｛ a 手伝ってほしいですか　b お手伝いしましょうか ｝。

❺ 部長、コーヒーをおいれしました。｛ a 召し上がりますか　b 召し上がりたいですか ｝。

POINT ポイント1

▶ 존경어(중급레벨)

<초급에서는> 先生がお話しになります。

先生が話されます。

先生、何を召し上がりますか。

중급 레벨의 존경어

	先生は
～です 　有名です 　忙しいです	～でいらっしゃいます 　有名でいらっしゃいます 　忙しくていらっしゃいます
います	おいでになります
～ています 　何を探していますか	～ていらっしゃいます・～ておいでです・お～です 　何を探していらっしゃいますか 　何を探しておいでですか 　何をお探しですか ＊お探しの方（＝探している人） ＊お持ちでない方（＝持っていない人）
～てくれます 　来てくれます 　来てください 　見てくれます 　見てください	～てくださいます 　来てくださいます・おいでくださいます 　おいでください 　見てくださいます・ご覧くださいます 　ご覧ください
来ます	見えます・お見えになります （의뢰의 형태에서는 사용하지 않는다） おいでになります
行きます	おいでになります
知っています	ご存じです
寝ます	お休みになります

그 외

お～・ご～	예 お元気・お暇・お上手・ご立派・ご迷惑 お忙しい・お寂しい・おつらい お食事・お問合わせ・ご質問・ご都合・ご注文 お変わりなく・ごゆっくり
人	方
家	お宅

問題 1 ( ) 안의 단어를 존경형으로 만들어 _____ 위에 쓰세요.

① あ、先生が_____よ。(来ました)

② 受付番号10番で_____の_____、どうぞ。(待っている・人)

③ すみませんが、来週もう一度_____ください。(来る)

④ 先生、きょうの会に_____か。(行く)

⑤ どうぞ_____ _____ください。(自由に・見る)

⑥ 先生、今晩は_____に_____か。(家・います)

⑦ 田中先生はこの協会の_____。(役員です)

⑧ きょうはよく_____。(来てくれました) さあ、どうぞ。

⑨ 先生はこの件についてはどう_____か。(考えています)

⑩ お母様は_____ _____か。(変わりなく・元気です)

⑪ ご主人はもう_____か。(寝ました)

 **ポイント2**

▶ **겸양어 · 정중어 등(중급 레벨)**

<초급에서는> 예 わたしがお話しします。

　　　　　　　　わたしがお話しいたします。

　　　　　　　　わたしがいただきます。

중급 레벨에서는
존경하는 상대와 관련된 행위 (겸양어)

	私(わたくし)は
行きます	（先生のお宅(たく)に）伺(うかが)います
聞きます 質問します	（先生に）伺います
会います	（先生に）お目(め)にかかります
見せます	（先生に）お目にかけます
借ります	（先生から）拝借(はいしゃく)します
見ます	（先生の○を）拝見(はいけん)します
言います	（先生に）申(もう)し上(あ)げます 　私は先生にお礼(れい)を申し上げます。
知っています	（先生の○を）存(ぞん)じ上(あ)げております 　私は先生の奥様(おくさま)を存じ上げております。
あげます	（先生に）さしあげます
もらいます	（先生から）いただきます

상대에 대해 정중하게 말하는 표현

	私(わたくし) は
言います	申(もう)します 私は田中と申します。
知っています	存(ぞん)じております 私はこの花の名前を存じております。
〜ます 帰ります	〜(さ)せていただきます 🈁 상대의 허가를 얻을 필요가 있는 행위 帰らせていただきます
〜と思います	〜と存じます
あります	ございます
〜です	〜でございます 🈁 〜이/가 존경하는 사람에 관한 경우는 사용하지 않는다.
〜ています	〜ております

問題 2-1 ( ) 안의 단어를 겸양어·정중어로 만들어 _____ 위에 쓰세요.

❶ 明日、家の者(もの)がお宅(たく)に_____てもよろしいでしょうか。(行く)

❷ では、私はこれを_____ます。(使う)

❸ 先生、ちょっと_____たいことが_____ますが…。(聞く・ある)

❹ では、明日3時に_____ます。(会う)

❺ 先生、私がかいたこの絵(え)、前にも_____ましたが…。(見せる)

❻ これ、ちょっと_____てもいいでしょうか。(借りる)

❼ 私どもは、あの方のことをよく_____ます。(知っている)

❽ 今度の会には先生にぜひご出席(しゅっせき)いただきたいと_____ます。(思う)

❾ もしもし、木村さんでいらっしゃいますか。私、_____ますが…。(田中だ)

❿ 一言(ひとこと)ごあいさつを_____ます。(言う)

問題 2-2 다음 중 알맞은 것을 고르세요.

❶ 先生、明日はどこかへ { a おいでになりますか　b お見えになりますか }。

❷ 先生は有名人で { a ございますから　b いらっしゃいますから } お忙しいと思います。

❸ 先生はあさって会議があることを { a ご存じですか　b 存じておりますか }。

❹ 先生はいつもどんな番組を { a ご覧になりますか　b 拝見しますか }。

❺ 山中先生が { a お見えになりました　b 参りました }。

❻ 私は以前先生に { a お会いになった　b お目にかかった } ことがあります。

❼ 切符を { a お持ちでない　b お持ちしてない } 方は、こちらへどうぞ。

❽ かばんを { a お忘れの　b お忘れした } 方、{ a お預かりしております　b お預かりになっていらっしゃいます } ので、どうぞ受付までおいでください。

❾ 当店の技術者がエアコンの修理に { a おいでになります　b 伺います }。
ご都合のいい時間を { a おっしゃってください　b 申し上げてください }。

❿ ＜レストランで＞
ウェイター：5名様ですね。
少々 { a お待ちください　b お待ちしてください }。
ただいまお席をご用意 { a なさいます　b いたします }。
さあ、どうぞ。席のご用意ができました。
きょうはおいしい魚料理が { a おあります　b ございます }。
{ a 召し上がってみませんか　b いただいてみませんか }。

問題 2-3 다음 중 알맞은 것을 고르세요.

＜先生との会話＞

　部屋で新聞を①｛a 読んで　　b お読みして｝いたら、田中先生から電話がかかってきた。

わたし：あ、先生、先日は②｛a 会えて　　b お目にかかれて｝よかったです。
　　　　いつかまた先生のところに③｛a 行きたいです　　b 伺いたいです｝。

先生　：君は本が好きですね。この市にはいい図書館がありますよ。

わたし：はい、④｛a 存じております　　b 存じ上げております｝。
　　　　きょう、山下君に⑤｛a 会う　　b お目にかかる｝約束をいたしましたので、後でいっしょにその図書館に⑥｛a 参ります　　b 伺います｝。
　　　　先生、先日⑦｛a 借りた　　b 拝借した｝ご本をお返しいたします。
　　　　同じ本が図書館にあるそうなので、図書館から⑧｛a 借りる　　b お借りする｝ことにしました。

先生　：あの本はいい本だよね。

わたし：はい、母も⑨｛a 読んだ　　b お読みした｝そうです。おもしろくてためになると、母も⑩｛a 申しておりました　　b 申し上げておりました｝。

先生　：じゃ、あの本、わたしに返してくれなくてもいいよ。君にあげるよ。

わたし：え、⑪｛a もらっても　　b いただいても｝いいんですか。ありがとうございます。母もきっと⑫｛a 喜ぶ　　b お喜びする｝と思います。

▶ 경어를 사용하는 경우 내측과 타인측

<초급에서는> 윗사람의 행위에는 존경어를 자기의 행위에는 겸양어를 쓴다.

중급에서의 경어 사용은 조금 복잡해서 「남」과 「나」도 경어 구분의 요소가 됩니다. 남과 이야기할 때는 내측에 속한 것에 대해 존경어를 쓰지 않습니다. 내 상사에 대한 것도 겸양어를 씁니다.

問題 3 다음 중 알맞은 것을 고르세요.

<電話　B社　→　A社>

❶ A社　東：はい、A社、総務課 { a でございます　　 b でいらっしゃいます }。

❷ B社　西：B社の西ですが、南課長は { a おいでになりますか　 b おりますか }。

❸ A社　東：はい、{ a いらっしゃいます　 b おります }。ただいま、代わります。

<電話　学生　→　教授の自宅>

❹ 学生：夜遅く申し訳ございません。
　　　　先生はもう { a お休みになりました　 b 休んでおります } でしょうか。

❺ 教授の妻：いいえ、まだ { a 起きていらっしゃいます　 b 起きております }。

❻ 少々 { a お待ちください　 b お待ちいたします }。

<会いに行く　A社　→　B社>

❼ A社　東：北さんに { a お目にかかりたい　 b お会いになりたい } のですが。

❽ B社　西：あいにく { a 北は　 b 北さんは }、大阪に { a 出張していらっしゃいます　 b 出張しております }。

<電話　田中部長の妻　→　夫の会社>

❾ 田中部長の妻：田中でございますが、お世話になっております。主人は…?
　　社員　　　：あ、奥様 { a でございますか　 b でいらっしゃいますか }。

❿ 　　　　　　部長はただいま { a 外出していらっしゃいます　 b 外出しております }

POINT ポイント4

▶ 정중함

무례한 표현이 되지 않도록 하기 위한 주의

A 상대를 부르는 말
- 「あなた」를 사용하지 않는다.

    あなた　→　이름을 부른다 · 직함을 부른다.

    예 田中さん　　先生　　部長

B 상대를 평가하는 말에 주의

  예 先生の説明、なかなかわかりやすいです。　→　とてもわかりやすいです。

   先生のプリント、けっこういいですよ。　→　とてもいいですよ。

   先生は偉いですね。　→　ご立派ですね。

   ＜授業の後で＞

   先生、ご苦労さまでした。　→　ありがとうございました。

C 권유나 의뢰를 거절할 때의 주의
- 이유 등을 말한다.
- 문장의 끝을 분명히 말하지 않도록 한다.

  예 いいえ、わたしは行きません。　→　ちょっとその日は都合が悪くて…。

   このところちょっと忙しいもので…。

- 머리말을 한다. 마지막에 할 말을 붙인다.

  예 申し訳ありませんが…

   すみませんが…

   残念ですけど…

   次回はぜひ…

   また、誘ってください。

D 의뢰할 때의 주의

- 직접적으로 확실히 말하는 것이 아니라 우회적인 말을 쓴다.

    예 ～て(ないで)ください　→　～て(ないで)くださいませんか。
    　　　　　　　　　　　　　　　～て(ないで)いただけませんか。
    　　　　　　　　　　　　　　　～て(ないで)いただけないでしょうか。
    　　　　　　　　　　　　　　　～て(ないで)ほしいんですけど…。
    　　　　　　　　　　　　　　　～て(ないで)いただけるとありがたいんですが
    　　　　　　　　　　　　　　　　　　…。

- 머리말을 한다.

    예 お忙しいところをすみませんが…。
    　　今ちょっといいでしょうか。
    　　実はお願いがあるんですが…。

E 그 외

- 친한 관계가 아닌 사람에게 사적인 것을 묻지 않는다.

    예 何歳ですか。
    　　月給はいくらですか。
    　　お子さんは何人ですか。

- 능력에 대한 것을 묻지 않는다.

    예 運転ができますか。　→　運転なさいますか。

- 의지나 희망을 물을 때의 주의

    예 何を読むつもりですか。　→　何をお読みになりますか。
    　　何が飲みたいですか。　　→　何を召し上がりますか。

- 듣는 사람에게 부담을 주는 듯한 말을 하지 않는다.
  호의를 강요하는 듯한 말을 하지 않는다.

    예 その荷物持ってあげますよ。　→　お持ちしますよ。
    　　返してあげます。　　　　　　→　お返しします。

問題 4 다음 중 알맞은 것을 고르세요.

<会社で> 川田:社員(男性)　田中:部長(男性)

川田:部長、お荷物を ① { a お持ちしましょうか。
　　　　　　　　　　　 b 持ってさしあげましょうか。

田中:いや、大丈夫ですよ。ありがとう。

川田:何か ② { a お飲みになりたいですか。
　　　　　　 b お飲みになりますか。

田中:そうですね。ウーロン茶を飲もうかな。ウーロン茶が大好きなんだよ。

川田:あれ、③ { a あなたもですか。　} わたしも大好きです。
　　　　　　　 b 部長もですか。

　　部長、きょうのごあいさつ、④ { a なかなか上手でしたよ。
　　　　　　　　　　　　　　　　　 b とてもよかったですよ。

田中:そうですか。ありがとう。
　　ところで川田君、今度の日曜日、うちでお茶の会をするんだけど来ませんか。

川田:あのう、日曜日は ⑤ { a 母親が来るものですから、ちょっと…。
　　　　　　　　　　　　　 b 忙しいから行けません。

　　それで、⑥ { a どんな人たちを呼ぶおつもりですか。
　　　　　　　　 b どんな人たちがいらっしゃるんですか。

田中:課の女性社員や営業の若い人たちを呼ぼうと思っているんだよ。

川田:ああ、それじゃ、わたしも ⑦ { a 行ってもいいですよ。
　　　　　　　　　　　　　　　　　 b 伺いたいです。

田中:??

川田:何か ⑧ { a お手伝いさせてください。
　　　　　　　 b 手伝ってあげますよ。

정리 まとめ

_____의 단어를 경어로 바꿔서 아래에 쓰세요.

さくら社　中村社長　山田社員　　あさひ社　田中部長　川田社員
＜電話　さくら社、山田　―　あさひ社、川田＞

川田：あさひ社、事業部です。

山田：私、さくら社の山田と<u>言います</u>が、田中部長は<u>いますか</u>。
　　　　　　　　　　　　　　①　　　　　　　　　　②

川田：あ、お世話になっております。
　　　私、事業部の川田<u>です</u>。あいにく部長は今、社内に<u>いません</u>が、
　　　　　　　　　　　　③　　　　　　　　　　　　　④

　　　どんな<u>用件</u>でしょうか。
　　　　　　⑤

山田：はい、あのう、私どもの社長の中村が明後日の午後、田中部長に<u>会いたい</u>と
　　　　　　　　　　　　　　　　　　　　　　　　　　　　　　　　⑥

　　　<u>言っています</u>。
　　　　⑦

　　　そちらのご都合を<u>聞きたい</u>と思いまして…。ご都合がよろしければ明後日の
　　　　　　　　　　　⑧

　　　午後、社長と私がそちらに<u>行きます</u>が…。
　　　　　　　　　　　　　　　⑨

川田：はい、わかりました。
　　　それでは、部長が戻りましたらこちらから<u>電話します</u>。
　　　　　　　　　　　　　　　　　　　　　　⑩

정리　まとめ

～～～～～～～～～～～～
＜電話　あさひ社、田中部長の妻　—　あさひ社、川田＞

田中の妻：もしもし、田中でございますが、主人はいますでしょうか。
　　　　　　　　　　　　　　　　　　　　　　　⑪

川田　　：ああ、奥様ですか。川田でございます。お世話になっております。
　　　　　部長は今ここには いませんが…。お食事に行かれたと思います。
　　　　　　　　　　　　　　⑫

田中の妻：何時ごろ戻るでしょうか。

川田　　：さあ、聞いていませんが…。
　　　　　　　　　⑬

　　　　　戻ったら、奥様からお電話があったことを伝えます。
　　　　　⑭　　　　　　　　　　　　　　　　　　　⑮

田中の妻：では、よろしくお願いします。

～～～～～～～～～～～～～
＜あさひ社で＞

田中　：川田君、だれかから電話があったかね？

川田　：あれ、部長！　ずっと社内にいましたか。
　　　　　　　　　　　　　　　⑯

　　　　出かけたと思っていました。奥様に電話をかけてください。
　　　　⑰

　　　　それから、さくら社の社長が明後日にこちらに来たいと言っているそうです。
　　　　　　　　　　　　　　　　　　　　　　　　　　　　　⑱

20課 회화·문서의 결말 会話・文章のまとまり

회화에도, 문장에도 어떤 결말이 있습니다. 결말감을 주기 위해 작은 규칙이 있습니다.

STARTING TEST スタートテスト

 다음 중 알맞은 것을 고르세요.

❶ 受付係：田中さん、田中さん。
　　田　中：はい、{ a 田中はわたしですが… 　b わたしは田中と申しますが… }。

❷ A：あ、この曲、これは「四季」という曲ですね。
　　B：ええ、{ a これは「四季」という曲だと思うんです　b そうですね、「四季」ですね }。

❸ A：わたしはどうしても納豆が食べられないんです。
　　B：そうですか。{ a わたしもですよ　b わたしは納豆が嫌いなんです }。

❹ A：わたしの留守中にだれか来ましたか。
　　B：ええ、山中さんと言う人が { a 来ましたね　b 来ましたよ }。

❺ 昔、太郎という少年がいた。{ a 太郎が　b 太郎は } 元気な男の子で、よく遊んだ。

❻ 子どものころわたしはあまり外で遊ばず、うちで本を読むことが多かった。だが、{ a そのこと　b あのこと } については後悔していない。

❼ 森さんは昨夜8時からNHKの特集番組を見たそうだ。わたしも { a 見た　b 昨夜8時からNHKの特集番組を見た }。

❽ 初めての町で、知らない人に声をかけて道を聞いた。とても親切に { a 教えたので　b 教えてくれたので } うれしかった。

❾ わたしの家族は4人です。両親と姉とわたしです。父は会社員で、母は中学校で数学を教えています。姉は { a 図書館で本を読んでいます　b 図書館に勤めています }。

❿ 山田かまちは1960年、群馬県高崎市に生まれた。子どものころから美術、音楽、文学に { a 熱心だった　b 熱心でした }。たくさんの絵を描き、詩を作り、そして、音楽を愛した。

POINT ポイント1

▶ 회화의 결말

회화를 할 때 서로 말을 주고 받습니다. 두서 없는 말이 되지 않도록 하기 위한 작은 규칙이 있습니다.

1 「よ」と「ね」

자기의 정보를 전할 때 → 「よ」

정보를 공유하고 상대에게 공감을 구할 때 → 「ね」

자기의 정보를 상대에게 확인할 때 → 「よね」

A：これ、おいしいですよ。木村さんもいかがですか。
B：ありがとうございます。あ、本当においしいですね。

A：ミーティングはあしたの2時からですよね。
B：いえ、1時からですよ。

2 「が」と「は」

| 伝えたいこと | が | …………。 | | 3時に | 田中さん | が来ます。 |

| ………… | は | 伝えたいこと 。 | | わたしは | 田中と申します。 |

A：きのうの会に山田さんが来ていましたよ。
B：そうですか。山田さんは最近仕事を変えたそうですね。

A：第2会議室は空いていますか。
B：いえ、この時間は第1、第3会議室が空いています。

3 「こ・そ・あ」

자기 가까이에 있는 것・자기와 상대 사이에 있고 같이 보고 있는 것 → 「こ」

상대 가까이에 있는 것・상대만 알고 있는 것 → 「そ」

같이 보고 있는 먼 곳의 물건・자기와 상대가 공통으로 알고 있는 것 → 「あ」

<公園のベンチで>

A：ここは緑が多くていいですね。

B：ええ、わたしはよくここへ来るんですよ。

<親子の話>

子：きのう来たあのおじさん、何という人？
　　真っ赤な服を着てたけど、あんな服は変だよね。

親：ああ、あの人は川村さんよ。あれがあのおじさんの好きな服なのよ。

4 생략

서로 이미 알고 있는 말은 생략한다. 중요한 요소는 생략하지 않는다.

A：ぼく、山登りの靴がほしいな。

B：じゃあ、(わたしがあなたに山登りの靴を)買ってあげる。

A：この写真、きれいですね。富士山の上で撮ったんですか。

B：ええ、山の上で撮ったんです。(×ええ、撮ったんです。)

A：この辺りは火曜日と金曜日にごみを集めるんですね。

B：ええ、そうなんです。(×ええ、集めるんです。)

問題 1 다음 중 알맞은 것을 고르세요.

① A：お茶の準備が ｛a できましたね。/ b できましたよ。｝ みなさん、どうぞ。
　 B：わあ、テーブルの花が ｛a きれいですね。/ b きれいですよ。｝

② A：2階のホールがにぎやかですね。きょう何かあるんですか。
　 B：｛a ええ、6時からカラオケ大会があるんです。/ b カラオケ大会は6時からなんです。｝

③ A：このレストランはいつ来ても込んでいますね。この間もそうでしたね…。
　 B：ええ、｛a あの日は / b その日は｝ 特別でしたね。

④ A：きのう、うちの隣の集会所でカラオケ大会があったんです。ご存じでしたか。
　 B：｛a ええ、きのう、お宅の隣の集会所でカラオケ大会があったこと、知っていましたよ。/ b ええ、知っていましたよ。｝

⑤ A：へえ、佐藤さんは12月24日に生まれたんですか。
　 B：｛a ええ、そうなんです。/ b ええ、生まれたんです。｝

⑥ A：出発の日が近づきましたね。準備は大丈夫ですか。
　 B：ええ、ありがとう。｛a だいたい準備ができたんです。/ b だいたいできました。｝

POINT ポイント2

▶ **문장의 결말**

문장은 몇개의 문이 연결되어 이루어집니다. 그 연결법이 제각각이 되지 않고 어떤 통합감을 주기 위한 작은 규칙이 있습니다.

1　지시사「そ」를 써서 앞 문장을 이어받는다.(특히 느낌을 표현할 때는「こ」)

```
  文 1
+ 文 2 (前文の中の語 =「そ」)
+ 文 3 (前文の中の語 =「そ」)
```

- 話し合いは3時から6時まで2階の会議室で行われた。<u>そ</u>こには30人ほどのメンバーが集まった。<u>そ</u>の中には90歳近い高齢者もいたが、途中の休み時間はなかった。後で<u>そ</u>のことが問題になった。……

- 毎年、夏になるとわたしは静岡県下田の海へ行く。<u>そ</u>こはわたしが子どものころ住んでいたところだ。<u>そ</u>のころはまだ祖父母が生きていて、広い家に住んでいた。<u>こ</u>の家には特別な思い出がある。……

2　「が」로 새로운 정보를 나타낸다.「は」는 그것을 이어받는다.

- 昔、あるところにおじいさんとおばあさん<u>が</u>住んでいました。二人<u>は</u>とても仲のいい夫婦でした。

- 今、家の庭のゆりの花<u>が</u>きれいに咲いている。この花<u>は</u>祖母<u>が</u>わたしのために植えてくれた。祖母<u>は</u>95歳で亡くなったが……

3 하나의 결말 속에 일정한 시점을 유지하고 시점을 바꾸지 않는다.

例1 「～てくる」と「～ていく」を使い分けて

- 冬の渡り鳥は毎年11月ごろ日本に飛んでくる。そして、春になるとまた寒い地方に帰っていく。（日本にいる話者の視点）
- とも子が庭の掃除をしていると、遠くに松田が見えた。彼女は急いで松田に近づいていったが、彼はさっと逃げていってしまった。（とも子の視点）

例2 話者側のことを表すのに受身文を使って

- 車の運転の練習で、わたしは何回もアクセルやブレーキの練習をさせられた。できるようになるまでやらされた。（話者の視点）
- きのうのサッカーの試合は、初めはK国チームに押されていたが、次第にパワーを取り戻して1点を先に取った。しかし、ハーフタイムの1分前に1点を入れられ、同点にされてしまった。（自分の国の視点）

4 같은 말, 관계가 있는 말, 대비하는 말, 관계가 있는 화제로 앞 문장을 이어받는다.

- 昔、一休さんという若いお坊さんがいた。この坊さんはとても頭がよかった。
- ある日の夕方のことである。一人の若い男が喫茶店でコーヒーを飲んでいた。静かな店内にはこの青年のほかにはだれもいない。
- わたしは山に登るのが好きだ。どんなときにも山登りはわたしを元気づけてくれる。最近は高い山に登るより、1,000メートル以下の低い山にハイキングに行くほうが楽しい。

5 접속사를 사용해서 앞 문장을 이어받는다. → 16課

2 다음 중 알맞은 것을 고르세요.

❶　レポートの締め切りは来週の金曜日だ。{ a これまでは　　b それまでは }テレビも見ないでがんばらなければならない。{ a あのレポート　　b そのレポート } を出した後はかなり暇になると思う。

❷　昔、わたしの家の近くに君子という女の子 { a が　　b は } 住んでいた。君子 { a が　　b は } わたしより4歳年上だったが、わたしたち { a が　　b は } 仲良しだった。遊ぶときはいつも君子がかわいがっている犬 { a が　　b は } いっしょだった。……

❸　わたしは図書館で { a 貸した　　b 借りた } CDをよく聴く。毎日聴くのだが、時々 { a 返す　　b 返してもらう } 日を忘れる。返しに { a 来ると　　b 行くと }、「もっと早く返してくださいね」と言われてしまう。

❹　国から兄の息子が一人で日本へ来た。{ a 彼　　b 彼女 } はまだ16歳だが、一人で日本のあちこちを見て回ると言う。{ a 16歳　　b 20歳 } はもう大人だというのだ。{ a 日本の　　b 世界の } 有名な観光地の地図をいろいろ持ってきた。

　兄の息子の計画がわたしは心配だった。{ a したがって　　b というのは }、彼はあいさつ程度の日本語しか話せないからだ。{ a それに　　b それで } 漢字も読めない。{ a そこで　　b それから } わたしもこの子といっしょに観光旅行をしようかと思った。{ a ところで　　b しかし }、兄は一人でやらせてみてほしいと言う。

POINT ポイント 3

▶ 문장의 흐름

　어떤 문장을 읽기 쉽도록 하기 위해서는 문장의 순서를 생각할 필요가 있습니다. 문장의 흐름에는 여러 패턴이 있지만 대표적인 패턴을 알아두면 문장을 쓰는 것도, 읽는 것도 능숙하게 할 수 있습니다.

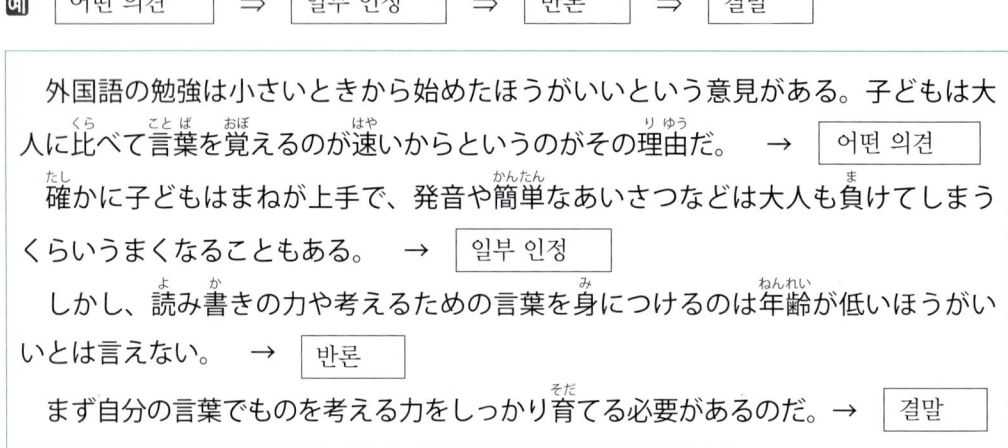

자주 눈에 띄는 문장의 형태

예

서두	뒤에 오는 문장
어떤 것을 말한다	→ 예를 든다
어떤 것을 말한다	→ 더 자세한 설명을 하거나 분류한다
어떤 생각을 말한다	→ 이유를 말한다
어떤 생각을 소개한다	→ 반대의견을 말한다
어떤 사실을 말한다	→ 감상을 말한다
어떤 의문을 말한다	→ 그 답, 결론을 말한다

3 다음 네 개의 문장을 읽기 쉬운 순서로 다시 나열하세요.

❶ A　つまり、南北に細長い国である。
　 B　北から南へ北海道、本州、四国、九州と四つの島が並んでいて、その周りにたくさんの島々がある。
　 C　日本は島国である。
　 D　そのため、北海道と九州では気候がだいぶ違う。
　 (　　) → (　　) → (　　) → (　　)

❷ A　そして一度使っても、また何度でも使うことができる。
　 B　それ自体は普通の四角い布だから、四角いものも丸いものも包むことができる。
　 C　しかも、使わないときはたたんで小さくすることもできるのだ。
　 D　ふろしきは大変便利なものである。
　 (　　) → (　　) → (　　) → (　　)

❸ A　わたしたちは常にストレスとともに生活している。
　 B　自分の性格がどちらのタイプであるかを知っておいたほうがいい。
　 C　同じストレスがあっても、性格によってストレスを強く感じる人とあまり感じない人がいるのだ。
　 D　しかし、だれもがみなストレスを強く感じて苦しんでいるわけではない。
　 (　　) → (　　) → (　　) → (　　)

❺ A 彼らはにおいによって食べ物や敵を見つける。
　B においを感じる能力は、人間より他の哺乳動物のほうが優れている。
　C 特に野生の哺乳動物は、人間とは比べられないほどにおいに敏感だ。
　D つまり、生きるために絶対必要な能力、それがにおいを感じる能力なのだ。
　　（　　　）→（　　　）→（　　　）→（　　　）

❻ A 消費者は生産されたものを買って、使う。
　B 生産者はものを生産して、売る。
　C これからは生産者も消費者も、自分のところから出すごみを減らすことが最大の課題だろう。
　D 生産した後に出るごみ、使った後に出るごみはどうなるか。
　　（　　　）→（　　　）→（　　　）→（　　　）

정리 1   まとめ 1

( ) 안에 들어갈 것으로서 가장 적당한 것을 고르세요.

❶ 人間のコミュニケーションの方法は言葉である。一方、(　　　)。しかし、動物、特に集まって暮らす動物たちはそれぞれ特別な方法で情報交換をしている。

　　a 動物たちにも言葉がある
　　b 動物たちには言葉がない

❷ 煙とは何でしょうか。それはほこりと同じで、空気中に浮かんでいる小さい粒の集まりです。ただし、煙の粒はほこりの粒よりずっと(　　　)。でも、顕微鏡を使えば見ることができます。

　　a 小さいものです
　　b 大きいものです

❸ 「1, 5, 3, 8, 4, 3, 2」…わたしたちはこの数字の並び方をすぐ覚えられるが、(　　　)。ほかの仕事をした後ではもうわからなくなる。明日になればもうどんな数字が出てきたかさえ覚えていないだろう。

　　a すぐ忘れる
　　b なかなか忘れない

❹ 楽器、外国語、運動…どれも練習しなければ上手になりません。では、練習すればした分だけ必ず上手になると言えるでしょうか。(　　　)。上手になるようによく考えられた練習をする必要があるのです。

　　a 確かにそう言えます
　　b 残念ですがそうは言えません
　　c 実はその反対です

❺ 大昔、エジプトで木の影とその方向がヒントになって時計が考え出された。そして影ができるところを12に分けたことから、日中が12時間、1日が24時間となった。この(　　　)、後に16世紀イギリスで労働に対して払う賃金を考える土台になったのである。

　　a 時間が　　b 影が　　c 労働が

정리2　まとめ2

다음의 한 문장을 어디에 넣으면 문장이 자연스러워질까요?

예　できなかったことができるようになるのもうれしい。
（　a　）わかるということは楽しいことだ。（　ⓑ　）子どもの教育では、この喜びをできるだけ経験させることが大切だと思う。（　c　）

❶　といっても言葉が話せないので、親がお手本を見せて子どもにまねをさせるのです。
（　a　）子どもの教育は人間だけが持っている能力ではありません。（　b　）哺乳動物においては、しっかりした教育が行われています。（　c　）親が子のそばにいて、生きていくのに必要なことを教えるという教育方法です。（　d　）何度も繰りかえしてお手本を見せていると、いつの間にか子は親と同じことができるようになります。
（　e　）

❷　ところが近年、こうした歴史的文化財に傷みが見られるようになった。
（　a　）ヨーロッパには石の寺院が数多くある。（　b　）これらの寺院には古い歴史があり、そのため、大切な文化財である。（　c　）表面がでこぼこになったり、色が変わったりしているのだ。（　d　）傷みの原因の一つは酸性雨だと考えられている。
（　e　）

❸　警察犬が犯人を見つけるのも、このような能力があるからだ。
（　a　）犬の鼻は人間の鼻よりずっと性能がいい。（　b　）弱いにおいも感じとる。そして、それを覚えることができる。（　c　）それだけでなく、いろいろなにおいをかぎ分ける。（　d　）

❹ その中でも特に重要なのは次の三つである。

(　a　) 生物が生きていくためにはいろいろな条件が必要だ。(　b　) 第一に適当な温度であること。第二に大気があってその中に酸素が含まれていること。第三に水があること。(　c　) 地球にはこの三つがあった。(　d　)

❺ 文章を書くのは苦手という人が多い。

(　a　) なぜ書けないのか。(　b　) 一つにはみんながメールを使うようになったこともあり、ある程度の長さのまとまった文章を書くことが少なくなったからだろう。(　c　) また、学校で文章を書くトレーニングがされていなかったということもあるだろう。(　d　) 書く力は練習すれば身につくものだ。(　e　) だから、若い人たちにはぜひ書くトレーニングをしてほしい。(　f　)

コラム / Column

✱ どちらの立場で? 어느쪽의 입장에서?

같은 것을 말해도 어느 쪽에 시점을 두느냐에 따라 두 가지 표현이 있습니다.

예

| 他動詞と自動詞 | 타동사와 자동사 |

林さんがタクシー**を止めた**。 ⇔ タクシー**が止まった**。

| 対の言葉 | 반대어 勝つ・負ける 貸す・借りる 教える・教わる あげる・もらう 등 |

Aチームは Bチームに**勝った**。 ⇔ Bチームは Aチームに**負けた**。

田中先生はわたしに英語を**教えた**。 ⇔ わたしは田中先生に英語を**教わった**。

| 普通の文と受身文・使役文 | 보통 문장과 수동문・사역문 |

後ろの人がわたしを**押した**。 ⇔ わたしは後ろの人に**押された**。

彼女はぼくを**待たせた**。 ⇔ ぼくは彼女に**待たされた**。

✱ 말하는 사람 중심의 표현

보통 말하는 사람 또는 말하는 사람 측에 가까운 사람의 입장에서 문장을 만듭니다. 입장을 도중에 바꾸지 않는 것이 자연스럽습니다.

×神様は人間にすばらしいものをあげた。 → 神様は人間にすばらしいものを**くれた**。

△わたしの服は**汚された**。 → **わたしは服を汚された**。

△相手チームはぼくたちに1対3で負けた。 → **ぼくたちは相手チームに3対1で勝った**。

△林さんはわたしにお金を貸したので、 → **わたしは林さんにお金を借りたので、**
あした返す。　　　　　　　　　　　　　　 **あした返す**。

△家に着いたとき、林さんが電話をかけた。 → 家に着いたとき、林さんから電話が**かかってきた**。

著者

友松悦子（ともまつ　えつこ）
拓殖大学留学生別科非常勤講師
『新装版 どんなときどう使う日本語表現文型辞典』（アルク 共著）
『改訂版 どんなときどう使う日本語表現文型 500』（アルク 共著）
『短期集中 初級日本語文法総まとめ ポイント 20』（スリーエーネットワーク 共著）
『小論文への 12 のステップ』（スリーエーネットワーク）
『新完全マスター文法 日本語能力試験Ｎ１』『同 Ｎ２』『同 Ｎ３』（スリーエーネットワーク 共著）
『新完全マスター聴解 日本語能力試験Ｎ１』『同 Ｎ２』『同 Ｎ３』（スリーエーネットワーク 共著）

和栗雅子（わくり　まさこ）
『新装版 どんなときどう使う日本語表現文型辞典』（アルク 共著）
『改訂版 どんなときどう使う日本語表現文型 500』（アルク 共著）
『どんなときどう使う日本語表現文型 200』（アルク 共著）
『短期集中 初級日本語文法総まとめ ポイント 20』（スリーエーネットワーク 共著）
『実力日本語・練習帳上・下』（東京外国語大学留学生教育センター編著 共著）
『日本語の教え方ＡＢＣ』（アルク 共著）
『改訂版 読むトレーニング 基礎編 日本留学試験対応』『同 応用編』（スリーエーネットワーク 共著）

翻訳
姜琄嬉

중급 일본어 문법 요점 정리 POINT 20

초판 발행	2010년 2월 5일
1판 7쇄	2024년 7월 25일
저자	友松悦子·和栗雅子
책임편집	조은형, 김성은, 오은정, 무라야마 토시오
펴낸이	엄태상
콘텐츠 제작	김선웅, 장형진
마케팅	이승욱, 왕성석, 노원준, 조성민, 이선민
경영기획	조성근, 최성훈, 김다미, 최수진, 오희연
물류	정종진, 윤덕현, 신승진, 구윤주
펴낸곳	시사일본어사(시사북스)
주소	서울시 종로구 자하문로 300 시사빌딩
주문 및 교재 문의	1588-1582
팩스	0502-989-9592
홈페이지	www.sisabooks.com
이메일	book_japanese@sisadream.com
등록일자	1977년 12월 24일
등록번호	제 300-2014-31호

ISBN 978-89-402-4139-4 13730

©2007 by 3A Corporation

* 이 책의 내용을 사전 허가 없이 전재하거나 복제할 경우 법적인 제재를 받게 됨을 알려 드립니다.
* 잘못된 책은 구입하신 서점에서 교환해 드립니다.
* 정가는 표지에 표시되어 있습니다.

▶ 本書籍の大韓民国国外での使用及び販売を禁止します。
▶ 본 서적은 대한민국 국외에서의 사용 및 판매를 금지합니다.

따로 분리해서 들고 다닐 수 있습니다.

スリーエーネットワーク와
독점 라이선스

중급 일본어문법 Point 요점정리 20

新 JLPT 일본어능력시험
N2 문법
필수보충교재!

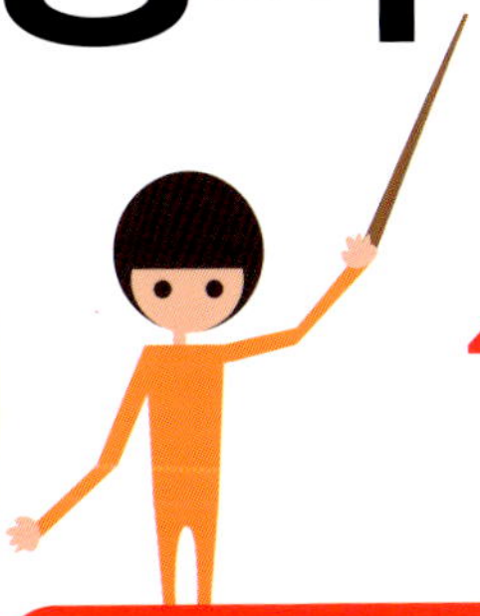

友松悦子·和栗雅子 저

별책

해답·해설 / 어휘

시사일본어사

01課　여러 기능을 하는 조사　いろいろな働きをする助詞

問題

1 b　2 a　3 a　4 b　5 b　6 b　7 b　8 b　9 a　10 a

問題 1-1

1 さえ　2 しか　3 ばかり　4 だけ　5 だけ　6 ばかり　7 しか
8 さえ　9 ばかり　10 だけ

問題 1-2

1 a　2 a　3 a　4 b

問題 2-1

1 だけ　2 さえ　3 まで　4 まで　5 こそ　6 さえ　7 こそ　8 だけ

問題 2-2

1 a　2 b　3 b　4 a　5 a　6 b

問題 3-1

1 しか　2 ぐらい　3 ぐらい　4 なんか　5 でも　6 ぐらい　7 なんか
8 でも　9 しか　10 しか　11 ぐらい　12 なんか

問題 3-2

1 b　2 a　3 b　4 b　5 a　6 a

問題 4

1 とか　2 にしても　3 だの　4 やら　5 にしても　6 とか　7 やら
8 とか　9 にしても

まとめ

A ①も　②まで　③ばかり　④でも　⑤なんか　⑥しか
B ①やら　②やら　③だけ　④まで　⑤こそ　⑥にしても　⑦にしても
　⑧でも
C ①さえ　②こそ　③ぐらい　④とか　⑤とか　⑥だけ　⑦しか

02課　화제 내세우기　話題の取立て

問題
1 a　2 a　3 a　4 b　5 b　6 a　7 b　8 a　9 a　10 a

問題 1
1 なら　2 はというと　3 というのは　4 といえば　5 はというと
6 というのは　というと　8 なら

問題 2-1
1 というものは　2 といったら　3 に限って　4 にかけては　5 のこととなると

問題 2-2
1 に限って　2 といったら　3 というものは　4 にかけては　5 ということは
6 のこととなると

まとめ
A ① e　② d　③ b　④ a　⑤ c
B ① c　② d　③ b　④ a　⑤ e

03課　조사의 기능을 하는 말 1　助詞の働きをする言葉1

問題
1 a　2 a　3 b　4 b　5 a　6 a　7 b　8 a　9 b　10 b

問題 1-1
1 b 「〜において」는 격식체 표현. 일상적인 회화에서는 사용하지 않는다.

2 b 「〜にあたって」는 의지적이 아닌 행위, 우연한 행위에는 사용하지 않는다.

3 a 「〜に際して」는 정기적으로 몇번이나 있으며 특별하지 않은 내용에는 사용하지 않는다.

4 a 「〜から〜にかけて」의 뒷 문장에는 한번만, 하나만의 표현은 사용하지 않는다.

5 a 「〜にわたって」의 뒷 문장에는 예외나 특별한 일의 표현은 사용하지 않는다.

6 b「〜を通じて」의 뒷 문장에는 한 번만, 한 개만의 표현은 사용하지 않는다.

問題 1-2

1 にあたって　2 における　3 を通じて　4 にわたって　5 において

6 にわたる

問題 2-1

1 a「〜によって」는 일상적으로 사용하는 도구나 수단에는 사용하지 않는다.

2 a「〜を通じて」의 뒤에는 보통「정보를 얻다, 관계가 성립했다」라는 의미의 문장이 온다.

3 b「〜によると」는 정보출처를 나타내기 때문에 뒷 문장은 정보의 내용이 온다. 말하는 사람의 의지를 나타내는 문장은 오지 않는다.

4 a「〜から」의 뒤에는 보통 동사문장이 온다. 명사가 올 때는「〜からの ＋명사」라는 형태로 한다.

問題 2-2

1 による　2 によれば　3 から　4 によって　5 を通じて

問題 3-1

1 b「〜について」의 뒷 문장에는「話す、聞く、書く、調べる、知っている」등 사고관계의 동사를 사용한다.

2 b「〜に対して」는 행위나 감정이 향하는 대상을 확실히 할 때 사용한다.「教える」는 원래「〜に〜を」를 사용하는 동사이므로「〜に対して」를 사용할 필요는 없다.

3 a「〜に応えて」는「〜의 기대나 희망에 따르기 위해 행동한다」라는 의미이므로 뒷 문장은 동사 문장이 온다.

4 a「〜をめぐって」의 뒷 문장에는 의견의 대립, 의논, 소문 등을 나타내는 문장이 온다.

問題 3-2

1 について　2 に対して　3 に関する　4 をめぐって　5 に応えて

6 に対する

まとめ

A ① d　② e　③ b　④ f　⑤ a

B ① c　② a　③ d　④ f　⑤ e

04課 조사의 기능을 하는 말 2 助詞の働きをする言葉 2

問題

1 b 2 a 3 a 4 b 5 b 6 a 7 a 8 b 9 a 10 a

問題 1-1

1 a 「〜をもとにして」는 창작 등의 소재를 나타내므로 뒷문장에는 「書く、作る」 등의 창작을 나타내는 동사를 사용한다.

2 b 「〜のもとで」는 「〜에 의지해서・〜에 보호 받았다」라는 의미이므로 「〜」에는 보호하는 입장의 말이 온다.

3 a 「〜に沿って」는 「〜에 맞도록…하다・〜에서 멀어지지않고…하다」라는 의미이므로 뒷 문장은 동작을 나타내는 문장이 온다.

4 a 「〜に基づいて」는 어떤 동작의 규범이 되는 내용을 나타내기 때문에 뒷 문장은 동작을 나타내는 문장이 온다.

問題 1-2

1 に基づく 2 に沿って 3 のもとで 4 をもとにして 5 に基づいて

問題 2-1

1 a 「〜を問わず」는 「어떤〜(이)라도, 또는 어떤 경우라도」라는 의미. 경우의 범위를 나타내는 말 (年齢나이, 国籍국적, 学歴학력, 経験경험 등)이나 대립하는 말(有無유무, 男女남녀, 内外안팎 등)과 연결된다.

2 b 「〜もかまわず」는 「실제는 〜(이)지만 그것을 신경 쓰지 않고 …한다」라는 의미. 「〜」에는 현실의 상태 (人の目がある사람들의 시선, 服が汚れる옷이 더럽혀지다, 親の心配부모님의 걱정 등)을 나타내는 말이 온다.

3 a 「〜は別として」는 「〜은/는 특별히 예외다」라는 의미를 나타낸다. 뒷 문장은 그 밖의 사항에 대해서 서술한다.

4 a 「〜はともかくとして」는 「〜보다 중요한 것이 있으므로 먼저 〜은/는 의논의 대상 밖에 둔다」는 의미. 뒷 문장에는 「〜」보다 중요한 내용이 온다.

問題 2-2

1 a 2 b 3 a 4 b 5 b 6 b 7 b 8 a

問題 3-1

1 b 「〜上」는 「〜외에 같은 종류의 내용이 더해진다」는 의미이므로 구별을 나타내는 「は」는 사용하지 않는다.

2 b 「〜ばかりでなく」는 「〜뿐만 아니라 다른 것도 더해진다」라는 의미이므로 뒷 문장에는 「は」가 아닌 「も」가 온다.

3 a 「〜に限らず」는 「〜뿐만 아니라 〜와/과 같은 종류의 다른 것 모두」라는 의미. 뒤에는 「〜(東京)」와 같은 종류의 말(都市)이 온다.

4 b 「〜はもとより」는 「〜은/는은 당연하고 그 외의 사람 (물건, 일)도…」라는 의미이므로 「〜」에는 당연한 내용이 온다.

問題 3-2

1 b 2 a 3 a 4 a 5 b

まとめ

A ① b ② a ③ c ④ e ⑤ f
B ① c ② b ③ a ④ f ⑤ e

05課　조사의 기능을 하는 말 3　助詞の働きをする言葉 3

問題

1 a 2 a 3 b 4 a 5 b 6 a 7 a 8 b 9 a 10 b

問題 1-1

1 b 「〜にとって」의 뒤에는 그 대상물이 어떤지를 나타내는 문장이 온다.

2 b 「〜として」의 뒤에는 그 입장에서 어떤지, 어떻게 느끼는지를 나타내는 문장(주로 동사문)이 온다.

3 a 「〜からすれば」의 뒤에는 그 입장에서 봤을 때 어떤지를 나타내는 문장(주로 형용사문)이 온다.

4 a 「〜にしたら」는 보통 인물을 나타내는 말에 연결되고 뒤에는 그 사람의 느낌을 대변하는 문장(주로 형용사문)이 온다.

5 a 「〜の上では」의 뒤에는 판단을 나타내는 문장(주로 형용사문)이 온다.

問題 1-2

1 a　2 b　3 a　4 a　5 b

問題 2-1

1 a 「〜のわりには」의 뒷 문장에는 「〜의 정도에 맞지 않는다」는 의미의 문장이 온다. 어느 쪽도 말할 수 없다는 문장은 오지 않는다.

2 b 「〜にしては」의 뒤에는 「〜에서 생각했을 때 당연한 상태가 아니나」라는 의미의 문장이 온다.

3 a 「〜だけあって」는 「〜이므로 당연하지만…」이라고 감탄하는 표현. 당연하다는 것을 나타내는 말에 연결된다.

4 a 「〜ともなると」는 정도가 거기까지 이르렀다는 것을 나타내는 말에 연결된다.

問題 2-2

1 a　2 b　3 a　4 a　5 b

問題 3-1

1 b 「〜によって」의 뒷 문장에는 「일정하지는 않다」는 의미의 문장이 온다.

2 a 「〜によっては」는 한 예를 들어서 말하는 표현. 뒷 문장에는 하나의 경우만을 말한다.

3 a 「〜に応じた」는 변화의 폭이 있는 말이 온다.

4 b 「〜に応じて」의 전후에는 변화의 폭이 있는 말이 온다. 두 종류를 나열하기만 한 말에는 사용하기 어렵다.

5 a 「〜次第で」의 뒤에는 「어떤 것이 달라진다, 정해진다」는 의미의 문장이 온다. 일어난 일을 말하는 문장은 오지 않는다.

問題 3-2

1 a　2 a　3 b　4 b　5 a

まとめ

A ①c ②a ③e ④b ⑤d
B ①a ②f ③d ④e ⑤b

06課　명사화 방법「こと」와「の」　名詞化の方法「こと」と「の」

問題 I

1 b　2 b　3 a　4 a　5 a

問題 II

1 a　2 a　3 b　4 a　5 a

問題 1

1 まじめな　2 幼稚園を作る　3 お金がかかりすぎる　4 あいさつのしかたを覚える
5 田中(さん)がきょう授業に出られない／授業を欠席する　6 きのう大火事があった
7 5月に子どもが生まれる

問題 2

1 ことに　2 とのこと　3 ことに　4 ことはない　5 ことは　6 とのこと
7 ことは　8 ことはない

問題 3-1

1 風邪薬を飲まない　2 向こうの山に登っていく　3 子どもが泣いている
4 教室の机を外に出す　5 気がつく　6 あの山の上まで行く

問題 3-2

1 の　2 こと　3 の　4 の　5 こと　6 の　7 の　8 こと
9 こと　10 こと

問題 4

1 喜び　2 泳ぎ／水泳　3 部屋の汚さ　4 部屋の掃除　5 汚れ
6 足の速さ　7 遊び　8 にぎやかさ・便利さ　9 食事　10 美術品の売買

まとめ

1 b　2 a　3 c　4 b　5 a　6 a

07課　복문구조−복문 안의「は」와「が」・시제− 複文構造−複文の中の「は」と「が」・時制−

問題 Ⅰ

1 a　2 b　3 b　4 b　5 a

問題 Ⅱ

1 a　2 a　3 b　4 a　5 b

問題 1

1 が　2 が　3 は・が　4 が　5 が　6 は　7 が・は　8 が
9 が　10 は・が　11 が・は　12 は・は

問題 2-1

1 b　2 a　3 b　4 a　5 b　6 a　7 b　8 b　9 b　10 b

問題 2-2

1 a　2 b　3 b　4 b　5 a

まとめ

① は　② が　③ は　④ が　⑤ が　⑥ 言った　⑦ が　⑧ 出かける　⑨ きた
⑩ が　⑪ 来た　⑫ した　⑬ が　⑭ が　⑮ は　⑯ なっている　⑰ が　⑱ は

08課 명사수식 名詞修飾

問題 I
1 顔を洗う　2 あした祭りがある　3 ピアノを弾く
4 ごみの問題について書かれた　5 新潟で地震があったという

問題 II
1 e　2 d　3 c　4 a　5 b

問題 1
1 自分がいちばん影響を受けた　　2 教科書に書いてあった
3 家族といっしょにアメリカへ行く　4 飲むと眠くなる
5 魚を焼いている　　　　　　　　6 きのうマリさんがあんなに怒った
7 ある有名な俳優が店から出てくる　8 困ったときいつも助けてくれる

問題 2-1
A　1 いっしょに行く（人）　2 かかった（お金）　3 学校にいる（時間）
　　4 この花が／を見られる（所）　5 来る（日）
B　1 汚れる（心配）　2 参加できない（理由）　3 アンさんが国へ帰る（話）
　　4 日本語を教える（仕事）　5 料理が上手になる（方法）

問題 2-2
1 が／の　2 が／の　3 が　4 が　5 が　6 が　7 が／の

問題 2-3
1 ×　2 ×　3 ○　4 ○　5 ○　6 ×　7 ×　8 ○

まとめ

1 林の中で1千万円が見つかった
2 姉に男の子が生まれた

3 野菜を作るときには農薬を使わないほうがいい
4 今月はお金が足りるか
5 来週このあたりで水道工事が始まる

09課 복문을 만드는 말 1 －시간－ 複文を作る言葉1 －時間－

問題 I

1 e 2 b 3 c 4 d 5 a 6 b 7 e 8 d 9 a 10 c

問題 1-1

1 b 「〜際に」는 일상적인 일에 사용하기에는 부적절.
2 a 「〜折に」는 좋지 않은 이미지의 말에는 붙지 않는다.
3 b 「〜たびに」는 한번 뿐인 일에는 사용하지 않는다.
4 b 「〜につけて」는 「같은 장면에 처하면 항상 어떤 감정이 생긴다」는 의미. 뒤에는 마음의 변화를 말하는 문장이 온다.
5 a 「〜うちに」의 뒤에는 변화를 나타내는 문장이 온다.
6 b 「〜最中」는 진행중인 동작을 나타내는 말(동사「ている形」)에 연결된다.

問題 1-2

1 b 2 a 3 b 4 b 5 a 6 b

問題 2-1

1 a 「〜たとたん」의 뒷 문장에는 말하는 사람의 의지를 나타내는 문장이나 상대에게 행동을 하게 만드는 문장은 오지 않는다.
2 b 「〜かと思うと」는 1인칭이 주어는 되지 않는다.
3 a 「〜か〜ないかのうちに」의 뒷 문장에는 말하는 사람의 의지를 나타내는 문장이나 상대에게 행동을 하게 만드는 문장은 오지 않는다.
4 a 「〜次第」의 뒷 문장에는 말하는 사람의 의지나 상대에게 행동을 하게 만드는 문장이 온다.

問題 2-2

1 a　2 a　3 b　4 a　5 b

問題 3-1

1 a 「〜うちに」는 「반대의 상황이 되면 실현되기 어려우므로 그렇게 되기 전에 행동한다」는 의미이므로 뒷 문장에는 행동을 나타내는 문장이 온다.

2 b 「〜に先立って」는 「어떤 일을 하기 전에 준비를 한다」는 의미이므로 뒷 문장은 행동을 나타내는 문장이 온다.

3 b 「〜てはじめて」의 뒷 문장에는 말하는 사람의 의지나 상대에게 행동을 하게 만드는 문장은 오지 않는다.

4 b 「〜てからは」의 뒷 문장은 계속하고 있는 것을 나타내는 문장이 온다.

5 a 「〜た上で」는 어떤 행위의 전에 반드시 해야 할 것을 나타내는 말이 연결된다.

6 a 「〜からでなければ」의 뒷 문장에는 곤란하거나 불가능한 것을 나타내는 문장이 온다.

問題 3-2

1 b　2 a　3 a　4 a　5 b　6 a　7 a　8 b

まとめ

A　1 帰り次第　2 泣いたかと思ったら　3 読むにつけて
　　4 聴くうちに／聴いているうちに　5 バスの乗り降りの際には

B　1 若いうちに　2 会うたびに　3 話している最中に　4 確かめた上で
　　5 読んで以来

C　1 住んではじめて　2 見てからでなければ　3 開けたとたん
　　4 ご旅行の折に　5 入ってからは

10課　복문을 만드는 말2 –가정의 표현・역접의 표현– 複文を作る言葉2 —仮定の言い方・逆接の言い方—

問題 I

1 d　2 a　3 b　4 e　5 c

問題 Ⅱ

1 b　2 b　3 b　4 a　5 a

問題 1-1

1 a 「～としたら」는 가정을 나타낸다. 반드시 그렇게 되는 내용에는 사용하지 않는다.
2 b 「～ないことには」의 뒷 문장에는 「어떤 일이 실현되지 않는다」는 의미의 문장이 온다.
3 b 「～(よ)うものなら」의 뒷 문장에는 「심한 결과가 될 것이다」라는 의미의 문장이 온다.
4 a 「～ものなら」는 「혹시 그것이 가능하다면」이라는 의미. 가능을 나타내는 말에 연결된다.
5 a 「～ない限り」의 뒷 문장에는 「어떤 일이 실현되지 않는다」는 의미의 문장이 온다.

問題 1-2

1 ものなら　2 ものなら　3 ことには　4 限(かぎ)り　5 としたら

問題 2-1

1 b 「～としても」는 「만일 ～이/가 실현되더라도」라는 의미이므로 현실이 될 가능성이 높은 일에는 사용하지 않는다.
2 b 「～たところで」의 뒷 문장에는 「효과가 없고 쓸데 없다」는 의미의 문장이 온다.
3 a 「～にしても」의 전후문장은 역접의 관계가 되어야 한다.
4 b 「～ようと」는 「혹시 ～해도」와 가정하는 것이므로 뒷 문장은 과거형은 되지 않는다.

問題 2-2

1 b　2 c　3 a　4 c　5 a　6 a　7 a

問題 3-1

1 a 「～ながら」의 뒷 문장에는 역접적으로 연결되는 문장이 온다.
2 b 「～とはいうものの」의 뒤에는 앞 문장의 사실(春はもうすぐだ)과는 맞지 않는 내용(風は冷たい)의 문장이 온다.
3 a 「～にもかかわらず」의 뒤에는 앞 문장의 사실과는 맞지 않는 결과가 됐다는 의미의 문장이 온다.
4 a 「～といっても」의 뒤에는 「앞 문장에서 당연히 기대될 정도는 아니」라는 의미의 문장이 온다.

5 b 「～からといって」의 뒷 문장에는 앞 문장(時間がない)에서 당연히 생각되어지는 일(インスタント食品ばかり食べる)을 말하고 다음으로 그 문장을 부정하는 형태(～のはだめ)로 문장을 만든다.

問題 3-2

1 ながら　2 にもかかわらず　3 ものの　4 からといって　5 といっても
6 にもかかわらず　7 ながら　8 といっても　9 からといって　10 ものの

まとめ

A ① できたとしたら　② できたとしても　③ 使ってみないことには
　④ 使ったところで　⑤ 思わない限り

B ① 言われようと　② 好きだからといって　③ 思いながら
　④ 言っていたにもかかわらず　⑤ 踏みはずそうものなら

11課　복문을 만드는 말 3 －원인・이유를 나타내는 말・상관관계를 나타내는 말
－複文を作る言葉 3 －原因・理由を表す言葉・相関関係を表す言葉－

問題 I

1 b　2 a　3 c　4 e　5 d

問題 II

1 a　2 b　3 a　4 b　5 a

1-1

1 b 「～ものだから」의 뒤에는 상대에게 행동을 하게 하는 문장・말하는 사람의 의지 등을 나타내는 문장은 오지 않는다.
2 b 「～おかげで」는 자신의 노력 등이 원인인 경우에는 사용하지 않는다.
3 b 「～あまり」는 「너무 ～기 때문에」라는 의미이므로 정도를 나타내는 말과 연결된다.

4 a 「~だけに」의 뒷 문장은 앞의 내용(きれいだった)이 이유가 되어 「보통의 경우보다 더…(残念がる)」라는 의미의 문장이 온다.

 1-2

1 a   2 a   3 b   4 b   5 c   6 c   7 c   8 c   9 a   10 b

 2-1

1 b 「~ことだし」의 뒤에는 사실 그대로가 아닌 판단, 희망, 행동을 하게 만드는 것 등을 말하는 문장이 온다.

2 b 「~ばかりに」의 뒤에는 「예상외의 나쁜 결과가 됐다」는 의미의 문장이 온다.

3 a 「~以上」의 뒤에는 말하는 사람의 희망, 판단, 결심, 상대에게 행동을 하게 만드는 내용 등의 문장이 온다.

4 a 「~ところを見ると」의 뒤에는 추측을 나타내는 문장이 온다.

 2-2

1 ことだし   2 からには   3 ばかりに   4 ところを見ると
5 ばかりに   6 上は   7 ところを見ると 8 ことだし

 3-1

1 a   2 b   3 b   4 b   5 a

 3-2

1 a 「~ば~ほど」의 앞뒤에는 「점점 정도가 변화한다」는 의미의 표현이 온다.

2 a 「~に従って」의 뒷 문장은 점점 변화한다는 것을 나타내는 문장이 온다.

3 b 「~につれて」의 뒷 문장은 「한번의 변화만이 아니라 점점 변화한다」는 것을 나타내는 문장이 온다.

4 b 「~につれて」의 뒷 문장은 말하는 사람의 의지, 희망, 상대에게 행동을 하게 만드는 내용 등의 문장은 오지 않는다.

5 a 「~に伴って」의 뒷 문장은 「한번만 일어난 일이 아니라 점점 변화한다」는 것을 나타내는 문장이 온다.

6 b 「〜とともに」의 뒷 문장은 「한번만 일어난 일이 아니라 점점 변화한다」는 것을 나타내는 문장이 온다.

まとめ

A　1 引いているものですから　2 言った以上は　3 集まるにつれて
　　4 くれたおかげで　5 資料だけに
B　1 言ったせいで　2 いなかったところを見ると　3 疲れていたことだし
　　4 急いだあまり　5 考えれば考えるほど

12課　부정의 표현　否定の言い方

問題

1 いる　2 書ける　3 ある　4 悪い　5 留学した　6 読まない
7 走れるように　8 おいしい　9 治る　10 通えない

問題 1-1

1 a　2 b　3 b　4 b　5 b　6 a　7 a

問題 1-2

1 (佐藤さんが)参加する　2 帰る　3 聞き(も)しない　4 好き(な)

問題 2

1 暇な　2 弾けるようになる　3 飲む　4 みんな正しい　5 全然知らない
6 しない　7 参加すれ(ば)いい

まとめ 1

1 c　2 c　3 b　4 a　5 b

まとめ 2

① a　② b　③ a　④ a　⑤ b　⑥ b　⑦ a　⑧ a　⑨ b　⑩ b

13課 나로부터의 발신 1 −감각・강한 느낌・불가능한 판단−
わたしからの発信 1 −感覚・強い気持ち・不可能判断−

問題 I

1 a　2 a　3 a　4 b　5 b

問題 II

1 しかない　2 んではいられない　3 にすぎない　4 にほかならない
5 りようがない

問題 1-1

1 b　2 a　3 b　4 a　5 a　6 a　7 a

問題 1-2

1 すいてたまらない　　2 残念でならない　3 笑わずにはいられなかった
4 出席しないわけにはいかない　5 手術せざるを得ない
6 声をかけないではいられなかった

問題 2-1

1 a 「〜に決まっている」는 동사의 보통형에 직접 연결된다.

2 b 「〜にほかならない」는 말하는 사람이 평가하고 단정할 때 사용한다. 객관적인 사실에는 사용하지 않는다.

3 b 「〜にすぎない」는 정도가 심하지 않은 일을 주장하는 문형이므로 정도가 심한 말(会長)에 연결되는 것은 부자연스럽다.

4 b 「〜ほかない」는 「그것 하나 밖에 방법이 없다」는 의미를 나타내는 문형이므로 여러 방법이라는 말에 연결되는 것은 부자연스럽다.

5 a 「〜までだ」는 각오를 나타내는 표현이므로 의지적인 의미를 가지는 동사에 연결된다.

問題 2-2

1 に決まっている　2 までだ　3 にすぎない　4 ほかない

問題 3

1 a　2 a　3 b　4 a　5 b

まとめ

① 楽しくてたまらない　② 残念でならない　③ クンクン泣いているに決まっている
④ 帰りようがない　⑤ 待っているしかない　⑥ 捜さないわけにはいかない
⑦ 待ってはいられない

14課　나로부터의 발신 2 －말하는 사람의 추측・소원・감탄・제안－
わたしからの発信　2－話者の推量・願望・感嘆・提案－

問題 I

1 b　2 b　3 a　4 a　5 a

問題 II

1 a　2 a　3 b　4 a　5 a

問題 1-1

1 あった　2 飲んだ　3 投げ出し　4 こわす　5 続く

問題 1-2

1 a 「〜とみえて」의 뒤에는 「〜とみえて」에서 추측한 것(引越しする)의 근거(片付けをしている)를 말한다.
2 b 「〜に違いない」는 추측표현이므로 자기 일에는 사용하지 않는다.
3 a 「〜かねない」는 나쁜 사태를 추측할 때만 쓴다.
4 b 「〜おそれがある」는 나쁜 사태를 추측할 때만 쓴다.
5 a 「〜まい」는 「〜ないだろう」라는 의미이므로 「だろう」를 붙일 필요는 없다.

問題 2-1

1 独立したい　2 なって　3 頼めない　4 かわいい　5 遊んだ　6 楽しかった

問題 2-2

1 b　2 b　3 b　4 b　5 a

問題 3-1

1 言う　2 働きすぎない　3 食べる　4 使わない　5 やってみよう

問題 3-2

1 b 「～べきだ」는 규칙이나 법률로 결정된 일이 아니라 사람으로서의 상식에 대해 설교하는 표현이다.
2 a 「～べきだ」는 「ない形」에는 연결되지 않는다.
3 b 「～ことだ」는 설교할 때 등에 쓰는 표현이므로 윗사람에게는 사용하지 않는다.
4 b 「～ものだ」는 도덕적, 사회적인 의식에 대해 설교하는 표현이므로 선거에서 투표를 부탁할 때에 말하는 것은 부적절하다.

まとめ

A ① a　② c　③ b　　B ④ a　⑤ b　⑥ d
C ⑦ d　⑧ b　⑨ a　⑩ c

15課 정해진 사용법의 부사 決まった使い方の副詞

問題 I

1 c　2 d　3 b　4 e　5 a　6 c　7 d　8 e　9 a　10 b

問題 1

1 a　2 c　3 a　4 a　5 b　6 c　7 a　8 a　9 a　10 c
11 b　12 a　13 b　14 c　15 c

問題 2

1 a　2 b　3 b　4 a　5 b　6 b　7 b　8 a　9 b　10 b

問題 3
1 a   2 a   3 b   4 b   5 b   6 b   7 a   8 a   9 b   10 a

問題 4
1 b   2 b   3 a   4 b   5 b   6 a   7 b   8 a   9 b   10 b

問題 5
1 a   2 b   3 a   4 c   5 b   6 b   7 b   8 b

まとめ
① a   ② b   ③ b   ④ b   ⑤ b   ⑥ b   ⑦ a   ⑧ b   ⑨ b   ⑩ b   ⑪ a
⑫ a   ⑬ b   ⑭ a   ⑮ b   ⑯ a

16課　접속의 말　接続の言葉

問題
1 a   2 b   3 a   4 b   5 b   6 a   7 b   8 a   9 b   10 a

問題 1-1
1 a   2 b   3 b   4 a

問題 1-2
1 b   2 a   3 b   4 a   5 a

問題 2-1
1 b 「そのため」의 뒤에는 말하는 사람의 의지나 상대에게 행동을 하게 만드는 내용의 문장은 오지 않는다.

2 b 「それで」의 뒤에는 말하는 사람의 의지나 상대에게 행동을 하게 만드는 내용의 문장은 오지 않는다.

3 a 「したがって」의 뒤에는 말하는 사람의 의지나 상대에게 행동을 하게 만드는 내용의 문장은 오지 않는다.

4 b 「すると」의 뒤에는 의지적인 행동을 나타내는 문장이 아니라 어떤 결과가 됐는가를 나타내는 문장이 온다.

5 a 「そこで」의 뒤에는 의지적인 행동을 나타내는 문장이 온다.

問題 2-2

1 a 2 c 3 b 4 a 5 c 6 b

問題 3-1

1 b 2 a 3 a 4 b

問題 3-2

1 a 2 b 3 b 4 a 5 a

問題 4

1 a 2 b 3 a 4 a 5 a·b

まとめ 1

A 1 b 2 c 3 a 4 e 5 d
B 1 a 2 c 3 e 4 b 5 d
C 1 a 2 d 3 c 4 b 5 e

まとめ 2

1 だが, ×, しかも   2 そこで, すると, ×   3 それで, また, ×
4 もっとも, ×, それでも   5 ×, そればかりでなく, ちなみに

課 어휘를 넓히다 語彙を広げる

問題 I

1 a 2 a 3 a 4 b 5 b

問題 Ⅱ

1 め　2 気味(ぎみ)　3 だらけ　4 っぱなし　5 っぽい

問題 1

1 b　2 b　3 b　4 c　5 a　6 c　7 b　8 a　9 a　10 b
11 a

問題 2

1 a　2 b　3 a　4 a　5 b　6 a　7 b　8 b　9 b　10 a
11 a　12 a

まとめ

A　① がち　② かけ　③ 通(とお)す　④ きり　⑤ め　⑥ 得(え)ない
B　① っぱなし　② だらけ　③ 気味(ぎみ)　④ っぽい　⑤ きっ

18課　딱딱한 문장　硬い文章

問題 Ⅰ

1 a　2 b　3 a　4 a　5 a

問題 Ⅱ

1 a　2 b　3 a　4 b　5 b

問題 1-1

① 問題がある　② 問題がない　③ 問題があった　④ 問題がなかった
⑤ 安い　⑥ 安くない　⑦ 安かった　⑧ 安くなかった
⑨ 健康(けんこう)だ　⑩ 健康ではない　⑪ 健康だった　⑫ 健康ではなかった
⑬ 学生だ　⑭ 学生ではない　⑮ 学生だった　⑯ 学生ではなかった
⑰ 雨が降(ふ)るだろう　⑱ 便利(べんり)なのだ　⑲ 使おう

問題 1-2

1 だろうか／であろうか　2 したい　3 知らなかった　4 調べた
5 わかった　6 だ／である　7 ではない　8 できる　9 ある
10 大きい　11 なのだ／なのである　12 らしい　13 あるか
14 かもしれない　15 調べてみよう

問題 2

1 始まり　2 遊び　3 寒くなく　4 であり　5 立ち上がり　6 働いており
7 行かず　8 言わず　9 ではなく　10 読み　11 あり　12 安くなく

問題 3-1

1 非常に(たいへん)　2 次第に　3 少し　4 急速に　5 やはり　6 全く
7 どちら　8 よくない(いけない)

問題 3-2

1 ではない　2 しなければならない／しなくてはならない　3 言っていた
4 なのだ　5 変えてしまう　6 しなくてはならない　7 では・出ないのではないか
8 わからない　9 あっても　10 捨ててしまおうと

まとめ 1

① 知っている　② こちら　③ それだけではない　④ あるということ
⑤ という人だ／である　⑥ かかったが　⑦ 次第に　⑧ いろいろな／さまざまな
⑨ わかっている　⑩ 笑おう

まとめ 2

① かかっても　② 進めなくてはならない　③ なのだという　④ あるだろう
⑤ なのだが　⑥ 非常に　⑦ しなくてはいけない　⑧ 考えるのでは
⑨ しかたがない　⑩ ものだ／ものである

19課 정중한 표현　ていねいな言い方

問題 I

1 b　2 b　3 a　4 a　5 a

問題 II

1 b　2 a　3 b　4 b　5 a

問題 1

1 見えました／お見えになりました／おいでになりました／いらっしゃいました
2 お待ち・方　3 おいで／いらっしゃって　4 おいでになります／いらっしゃいます
5 ご自由に・ご覧　6 お宅・おいでになります／いらっしゃいます
7 役員でいらっしゃいます　8 来てくださいました／おいでくださいました
9 考えていらっしゃいます／考えておいでです／お考えです
10 お変わりなく・お元気でいらっしゃいます　11 お休みになりました

問題 2-1

1 伺っ　2 使わせていただき　3 伺い・ござい　4 お目にかかり
5 お目にかけ　6 拝借し　7 存じ上げており／存じており
8 存じ　9 田中でござい　10 申し上げ

問題 2-2

1 a　2 b　3 a　4 a　5 a　6 b　7 a　8 a・a　9 b・a
10 a・b・b・a

問題 2-3

①a　②b　③b　④a　⑤a　⑥a　⑦b　⑧a　⑨a　⑩a　⑪b
⑫a

問題 3

1 a　2 a　3 b　4 a　5 b　6 a　7 a　8 a・b　9 b　10 a

問題 4

① a　② b　③ b　④ b　⑤ a　⑥ b　⑦ b　⑧ a

まとめ

① 申^{もう}します　② おいでになりますか／いらっしゃいますか　③ でございます
④ おりません　⑤ ご用件^{ようけん}　⑥ お目^めにかかりたい　⑦ 申しております
⑧ 伺^{うかが}いたい　⑨ 伺います／参^{まい}ります　⑩ お電話いたします　⑪ おります
⑫ おいでになりません／いらっしゃいません　⑬ 伺っておりません
⑭ お戻りになったら　⑮ お伝^{つた}えいたします
⑯ いらっしゃいました／おいでになりました　⑰ お出^でかけになった
⑱ おっしゃっている

20課　회화・문서의 결말　会話・文章のまとまり

問題

1 a　2 b　3 a　4 b　5 b　6 a　7 a　8 b　9 b　10 a

問題 1

1 b・a　2 a　3 a　4 b　5 a　6 b

問題 2

1 b・b　2 a・b・b・a　3 b・a・b　4 a・a・a・b・a・a・b

問題 3

1 CBAD　2 DBAC　3 ADCB
4 BCAD　5 BADC

まとめ 1

　　　1 b　2 a　3 a　4 b　5 a

まとめ 2

　　　1 d　2 c　3 d　4 b　5 a

語彙

あ

- あいけん (愛犬) — 애견
- あいする (愛する) — 사랑하다
- あいつ — 저놈
- あいて (相手) — 상대
- アイディア — 아이디어
- あいにく — 공교롭게
- あいまい[な] — 애매하다
- あきっぽい (飽きっぽい) — 싫증내다
- あきらめる — 포기하다
- あきる (飽きる) — 질리다
- アクセル — 액셀
- あくび — 하품
- あけがた (明け方) — 새벽
- あさねぼうする (朝寝坊する) — 늦잠자다
- あじさい (紫陽花) — 수국
- あしもと (足元) — 발밑
- あずかる (預かる) — 맡다
- あそびば (遊び場) — 놀이터
- あたたかい (温かい) — 따뜻하다
- あたり — 근처
- あちこち — 여기저기
- あつかう (扱う) — 다루다
- アップデート — 업데이트
- あな (穴) — 구멍
- あながあく (穴があく) — 구멍이 나다
- あのよ (あの世) — 저 세상
- あぶら (油) — 기름
- あまい (甘い) — 얕다
- あらそう (争う) — 다투다
- あらたまった (改まった) — 격식있는
- あらわす (表す) — 나타내다
- あらわれる (表れる) — 나타나다
- ありがたい — 고맙다
- あるていどの (ある程度の) — 어느 정도
- あるところ — 어느 곳
- アルバム — 앨범
- あるひ (ある日) — 어느 날
- アレルギー — 알레르기
- あん (案) — 안
- アンケート — 앙케트
- アンコール — 앵콜
- あんていする (安定する) — 안정되다
- あんないしょ (案内書) — 안내서
- あんなに — 저렇게
- あんパン — 단팥빵
- あんまん — 찐빵

- いいわけ (言い訳) — 변명
- いいん (医院) — 의원
- いかす (生かす) — 살리다
- いかり (怒り) — 화
- いぎ (意義) — 의의
- いくつかの — 몇 개의
- いじめ — 따돌림
- いぜん (以前) — 이전
- いたみ (傷み) — 아픔
- いたみ (痛み) — 통증

いたむ（痛む）	아프다
いちおう（一応）	일단
いちご	딸기
いちども～ない（一度も～ない）	한번도 ～없다
いちにんまえになる（一人前になる）	어른이 되다
いちぶ（一部）	일부
いちりゅう（一流）	일류
いつか	언젠가
いっしょう（一生）	평생
いつのまにか（いつの間にか）	어느새인가
いっぽう（一方（2課））	한편
いっぽう（一方（14課））	한쪽
いとこ	사촌
いのち（命）	목숨
いばる（威張る）	으스대다
イラスト	일러스트
いりょうチーム（医療チーム）	의료팀
いりょうひ（医療費）	의료비
イルカ	돌고래
いれる	타다
いろとりどり（色とりどり）	색색가지
いろんな	여러가지
インスタントしょくひん（インスタント食品）	인스턴트 식품
インフルエンザ	인플루엔자

う

ヴァイオリン	바이올린
ウィークデー	평일
ウーロンちゃ（ウーロン茶）	우롱차
ウェイター	웨이터
うかぶ（浮かぶ）	뜨다
うけとる（受け取る）	받아들이다
うけみ（受身）	수동형
うさぎ	토끼
うしなう（失う）	잃다
うたがう（疑う）	의심하다
うちがわ（内側）	안쪽
うらぐち（裏口）	뒷문
うりあげ（売り上げ）	판매량
うりきれる（売り切れる）	매진되다
うれゆき（売れ行き）	판매량
うれる（売れる）	팔리다
うん（運）	운
うんちん（運賃）	요금
うんどうかい（運動会）	운동회
うんどうじょう（運動場）	운동장
うんどうぶ（運動部）	운동부

え

エアコン	에어컨
えいきょう（影響）	영향
えいぎょう（営業）	영업
えいぎょうせいせき（営業成績）	영업성적
えいぎょうぶ（営業部）	영업부
えいぎょうぶいん（営業部員）	영업부원

☐ えいよう（栄養）	영양	
☐ えがお（笑顔）	웃는 얼굴	
☐ エネルギー	에너지	
☐ エプロン	앞치마	
☐ えほん（絵本）	그림책	
☐ えらい（偉い）	대단하다	
☐ えんぎ（演技）	연기	
☐ えんげい（園芸）	원예	
☐ えんぜつかい（演説会）	연설회	

お

☐ おいつく（追いつく）	따라잡다
☐ おいでくださる	와 주시다
☐ おうえん（応援）	응원
☐ おお～（大～）	큰～
☐ おおいに（大いに）	많이
☐ おおくの（多くの）	많은
☐ オーバーする	초과하다
☐ オープンする	개업하다
☐ おおわらいする（大笑いする）	크게 웃다
☐ おきあがる（起き上がる）	일어나다
☐ おきゃくさま（お客様）	손님
☐ おきわすれる（置き忘れる）	두고 잊어버리다
☐ おこる（怒る）	화내다
☐ おこる（起こる）	일어나다
☐ おさえる（抑える）	참다
☐ おじぎ	인사
☐ おしゃべりする	수다떨다
☐ おしらせ（お知らせ）	통지문

☐ おす（押す）	밀다
☐ おせちりょうり（おせち料理）	오세치 요리
☐ おせわになります（お世話になります）	신세지고 있습니다
☐ おちつく（落ち着く）	진정되다
☐ おちゃのかい（お茶の会）	다과회
☐ おばけ	유령
☐ オフィス	사무실
☐ おめでたい	축하하다
☐ おめにかかる（お目にかかる）	뵙다
☐ おもい［びょうき］（重い［病気］）	심각하다 [병]
☐ おもい（思い）	기억
☐ おもいうかぶ（思い浮かぶ）	떠오르다
☐ おもいうかべる（思い浮かべる）	떠올리다
☐ おもいで（思い出）	추억
☐ おもいやり（思いやり）	배려
☐ おもち	떡
☐ おもてげんかん（表玄関）	앞 현관
☐ おや（親）	부모
☐ おやこうこう（親孝行）	효도
☐ オリンピック	올림픽
☐ おんせん（温泉）	온천
☐ おんど（温度）	온도

か

☐ か（課）	과
☐ ～かい（～回）	～회
☐ かいいん（会員）	회원
☐ かいがい（海外）	해외

☐ かいかん (会館)	회관	☐ かしゅ (歌手)	가수
☐ かいぎ (会議)	회의	☐ ～かしょ (～か所)	～군데
☐ かいけつあん (解決案)	해결안	☐ かず (数)	수
☐ かいけつする (解決する)	해결하다	☐ かずおおく (数多く)	많이
☐ かいごう (会合)	회합	☐ かた (肩)	어깨
☐ かいし (開始)	개시	☐ かたい (堅い)	딱딱하다
☐ かいしゃづとめ (会社勤め)	회사 근무	☐ かたい (硬い)	딱딱하다
☐ がいしゅつする (外出する)	외출하다	☐ かだい (課題)	과제
☐ かいすいよく (海水浴)	해수욕	☐ かたがた (方々)	여러분
☐ かいせい (改正)	개정	☐ カタログ	카탈로그
☐ かいちょう (会長)	회장	☐ かちすすむ (勝ち進む)	이겨 나가다
☐ かいてんする (開店する)	개업하다	☐ がっかりする	실망하다
☐ かいぬし (飼い主)	주인	☐ がっき (楽器)	악기
☐ かいひ (会費)	회비	☐ かつやくする (活躍する)	활약하다
☐ かいふく (回復する)	회복하다	☐ かなり	꽤
☐ がいらいご (外来語)	외래어	☐ かふんしょう (花粉症)	꽃가루 알레르기
☐ かう (飼う)	기르다	☐ がまんする	참다
☐ かえりみち (帰り道)	돌아오는 길	☐ がまんづよい (がまん強い)	참을성이 강하다
☐ かえる (代える)	바꾸다	☐ がまんできずに～する	참지 못하고 ～하다
☐ ～がかり (～係)	～담당	☐ かみくず (紙くず)	종잇조각
☐ かかる	걸리다	☐ かめ (亀)	거북이
☐ かき (柿)	감	☐ かもく (科目)	과목
☐ かきとめ (書留)	등기서류	☐ かゆい	가렵다
☐ かぎわける (かぎ分ける)	분간하다	☐ からだをこわす (体を壊す)	건강을 해치다
☐ かく (描く)	그리다	☐ からっぽ (空っぽ)	텅 비다
☐ がくえん (学園)	학원	☐ かりに (仮に)	가령
☐ かくち (各地)	각지	☐ カレー	카레
☐ がくりょく (学力)	학력	☐ かわいがる	귀여워하다
☐ がくれき (学歴)	학력	☐ かわいそう[な]	불쌍하다
☐ かげ (影)	그림자	☐ かん (缶)	캔
☐ かこ (過去)	과거	☐ かんがえ (考え)	생각

- かんきょう（環境） 환경
- かんこう（観光） 관광
- かんこうきゃく（観光客） 관광객
- かんこうち（観光地） 관광지
- かんじとる（感じとる） 감지하다
- かんしょくする（間食する） 간식을 먹다
- かんじる（感じる） 느끼다
- かんしん（関心） 관심
- かんせい（完成） 완성
- かんぜんに（完全に） 완전히
- かんそう（感想） 감상
- かんどうする（感動する） 감동하다
- かんとく（監督） 감독
- かんり（管理） 관리

き

- きおん（気温） 기온
- きがつく（気がつく） 알아채다
- ききいれる（聞き入れる） 들어주다
- ききちがい（聞き違い） 잘못 듣다
- ききとり（聞き取り） 듣기
- ききとる（聞き取る） 듣다
- きぎょう（企業） 기업
- きく（聴く） 듣다
- きげん（期限） 기한
- きこう（気候） 기후
- きごう（記号） 기호
- きこくする（帰国する） 귀국하다
- きじ（記事） 기사
- きじつ（期日） 기일
- ぎじゅつしゃ（技術者） 기술자
- きず（傷） 상처
- きそくてき［な］（規則的［な］） 규칙적이다
- きたい（期待） 기대
- きたいはずれ（期待はずれ） 기대 밖
- きつい 힘들다
- きながに（気長に） 느긋하게
- きになる（気になる） 신경 쓰이다
- ～きになる（～気になる） ～기분이 들다
- きふ（寄付） 기부
- きぼうする（希望する） 희망하다
- ぎむ（義務） 의무
- キムチ 김치
- ぎゃくに（逆に） 반대로
- きゃくほんか（脚本家） 각본가
- きゃっかんてきに（客観的に） 객관적으로
- キャンセルする 취소하다
- キャンプ 캠프
- きゅうかん（休館） 휴관
- きゅうこう（休校） 휴교
- きゅうじつ（休日） 휴일
- きゅうり 오이
- きゅうりょう（給料） 급여
- きょういくきほんほう（教育基本法） 교육기본법
- きょういくしゃ（教育者） 교육자
- きょうかい（協会） 협회
- ぎょうかいナンバーワン（業界ナンバーワン） 업계 최고
- ぎょうざ 만두

□ きょうし（教師）	교사	□ クリスチャン	기독교 신자
□ きょうじゅ（教授）	교수	□ くるしむ（苦しむ）	힘들어하다
□ きょうつうする（共通する）	똑같다	□ くわしい（詳しい）	자세하다
□ きょうりょく（協力）	협력	□ くわしく（詳しく）	자세히
□ きょく（曲）	곡	□ くんくんなく（くんくん泣く）	낑낑거리다
□ ぎょそん（漁村）	어촌		
□ キリストきょう（キリスト教）	기독교		
□ きる（切る）	끊다		

け

□ きろくてき[な]（記録的[な]）	기록적이다	□ けいえい（経営）	경영
□ きをつける（気をつける）	조심하다	□ けいかくしょ（計画書）	계획서
□ きんがく（金額）	금액	□ けいかん（景観）	경관
□ きんちょうする（緊張する）	긴장하다	□ けいき（景気）	경기
□ きんねん（近年）	최근 몇 년	□ けいご（敬語）	경어
		□ けいざいかい（経済界）	경제계
		□ けいさつけん（警察犬）	경찰견
		□ けいさん（計算）	계산

く

□ くうかん（空間）	공간	□ ケーキしょくにん（ケーキ職人）	파티쉐
□ クーラー	에어컨	□ ゲーム	게임
□ くうらん（空欄）	공란	□ ゲームソフト	게임 소프트
□ くじら	고래	□ けしょうする（化粧する）	화장하다
□ くにぐに（国々）	나라들	□ けしょうひん（化粧品）	화장품
□ くべつ（区別）	구별	□ けしわすれ（消し忘れ）	끄는 걸 잊다
□ くみたてる（組み立てる）	조립하다	□ けつあつ（血圧）	혈압
□ くやしい（悔しい）	분하다	□ けっか（結果）	결과
□ グラウンド	그라운드	□ げっきゅう（月給）	월급
□ クラシック	클래식	□ けっこんきねんび（結婚記念日）	결혼기념일
□ くらす（暮らす）	살다	□ けっしょうせん（決勝戦）	결승전
□ クラブ	클럽	□ けっせきする（欠席する）	결석하다
□ グラフ	그래프	□ けっていする（決定する）	결정하다
□ くりかえす（繰り返す）	반복하다	□ けってん（欠点）	결점

けつろん (結論)	결론	ごうかく[する] (合格[する])	합격 [하다]
けむり (煙)	연기	ごうかくりつ (合格率)	합격률
けん (件)	건	こうかん[する] (交換[する])	교환 [하다]
けんがくかい (見学会)	견학회	こうぎこうどう (抗議行動)	항의 행동
げんがてん (原画展)	원화전	こうぎする (抗議する)	항의하다
げんきづける (元気づける)	기운을 북돋다	こうきょう (公共)	공공
けんきゅうじょ (研究所)	연구소	こうし (公私)	공사
げんご (言語)	언어	こうじ (工事)	공사
けんこう (健康)	건강	こうした	이런
けんこうかんり (健康管理)	건강관리	こうじちゅう (工事中)	공사 중
けんこうじょうたい (健康状態)	건강상태	～ごうしつ (～号室)	～호실
けんこうしんだん (健康診断)	건강진단	こうしゅうかい (講習会)	강습회
けんこうてき[な] (健康的[な])	건강적이다	こうじょうない (工場内)	공장 내
けんこう[な] (健康[な])	건강하다	こうそく (校則)	교칙
けんさ (検査)	검사	こうつうしゅだん (交通手段)	교통수단
げんざい (現在)	현재	こうつうひ (交通費)	교통비
けんせつ (建設)	건설	こうどうする (行動する)	행동하다
げんだい (現代)	현대	こうど[な] (高度[な])	수준높다
げんち (現地)	현지	こうはい (後輩)	후배
けんない (県内)	현 내	こうふく[な] (幸福[な])	행복하다
げんば (現場)	현장	こうへいに (公平に)	공평하게
けんびきょう (顕微鏡)	현미경	こうほしゃ (候補者)	후보자
		こうみんかん (公民館)	구민회관
		こうれい (高齢)	고령
		こうれいか (高齢化)	고령화

こ

～ご (～後)	～후	こうれいしゃ (高齢者)	고령자
こいぬ (子犬)	강아지	コース	코스
こうか (効果)	효과	コーヒーショップ	커피숍
こうがい (公害)	공해	こおり (氷)	얼음
こうかいする (後悔する)	후회하다	ごがくきょうし (語学教師)	어학교사
		こくご (国語)	국어

☐ こくどうじゅうはちごうせん（国道18号線）	국도 18호선
☐ こくない（国内）	국내
☐ ごくろうさま（ご苦労さま）	수고했습니다
☐ こころから（心から）	진심으로
☐ こしのいたみ（腰の痛み）	허리통증
☐ こじん（個人）	개인
☐ こじんじょうほう（個人情報）	개인정보
☐ こそだてちゅう（子育て中）	육아 중
☐ ごちそうになる	식사 대접을 받다
☐ こっかしけん（国家試験）	국가시험
☐ コック	요리사
☐ ことわる（断る）	거절하다
☐ このまま	이대로
☐ ごみおきば（ごみ置き場）	쓰레기장
☐ コミュニケーション	커뮤니케이션
☐ こや（小屋）	오두막집
☐ ごらいかんのかた（ご来館の方）	오시는 분
☐ ごらいかんのみなさま（ご来館の皆様）	손님 여러분
☐ ゴルフ	골프
☐ ゴルフじょう（ゴルフ場）	골프장
☐ ころぶ（転ぶ）	넘어지다
☐ こんかい（今回）	이번
☐ こんご（今後）	앞으로
☐ こんなに	이렇게

さ

☐ さ（差）	차
☐ サービス	서비스
☐ さいがい（災害）	재해
☐ さいこう（最高）	최고
☐ ざいさん（財産）	재산
☐ さいじつ（祭日）	공휴일
☐ さいしんさく（最新作）	최신작
☐ サイズ	사이즈
☐ さいだい（最大）	최대
☐ ざいにちきかん（在日期間）	일본체류기간
☐ さいようする（採用する）	채택하다
☐ ざいりょう（材料）	재료
☐ ざいりょうひ（材料費）	재료비
☐ サインかい（サイン会）	사인회
☐ さかん［な］（盛ん［な］）	번성하다
☐ さき（先）［10年先］	앞
☐ さきほど（先ほど）	아까
☐ さくしゃ（作者）	작가
☐ さくねん（昨年）	작년
☐ さくばん（昨晩）	어젯밤
☐ さくひん（作品）	작품
☐ さくほう（作法）	작문법
☐ さくや（昨夜）	어젯밤
☐ さくら（桜）	벚꽃
☐ さけぶ（叫ぶ）	소리치다
☐ ささえ（支え）	버팀
☐ ささえる（支える）	지원하다
☐ さすが	역시
☐ さそう（誘う）	권유하다
☐ さっか（作家）	작가
☐ さっと	획
☐ サポートする	보조하다
☐ さめる（冷める）	식다

□ さらに	더욱	□ じぎょうぶ (事業部)	사업부
□ サラリーマン	샐러리맨	□ しげん (資源)	자원
□ さる (猿)	원숭이	□ じけん (事件)	사건
□ さわぎ (騒ぎ)	난리법석	□ しけんじょう (試験場)	시험장
□ さんか (参加)	참가	□ しごとのあいまに (仕事の合間に)	일 사이에
□ さんかくけい (三角形)	삼각형		
□ さんかしゃ (参加者)	참가자	□ じじつ (事実)	사실
□ さんかする (参加する)	참가하다	□ じしゅせい (自主性)	자주성
□ さんかひ (参加費)	참가비	□ じじょう (事情)	사정
□ ざんぎょう (残業)	잔업	□ じしん (自身)	자신
□ さんしょく (3食)	세끼	□ じしん (自信)	자신
□ さんせい (賛成)	찬성	□ しずむ (沈む)	지다
□ さんせいう (酸性雨)	산성비	□ しせつ (施設)	시설
□ さんせいする (賛成する)	찬성하다	□ しぜん (自然)	자연
□ さんそ (酸素)	산소	□ しぜんに (自然に)	자연히
□ サンタ	산타클로스	□ じたい (自体)	자체
		□ しだいに (次第に)	점차
		□ じだいもの (時代物)	시대극
		□ じたく (自宅)	자택

し

□ し (詩)	시	□ シチュー	스튜
□ ～し (～氏)	~씨	□ しちょう (市長)	시장
□ しあげる (仕上げる)	완성하다	□ しつ (質)	질
□ じいん (寺院)	사원	□ じっか (実家)	고향집
□ ジーンズ	청바지	□ じっけん (実験)	실험
□ じかい (次回)	다음	□ じっこうする (実行する)	실행하다
□ しかくい (四角い)	네모	□ じっこうりょく (実行力)	실행력
□ しかたがない	어쩔 수 없다	□ じっさいに (実際に)	실제로
□ しき (四季)	사계	□ じっさいの (実際の)	실제
□ じき (時期)	시기	□ しつど (湿度)	습도
□ じぎょう (事業)	사업	□ じっと	가만히
		□ じっとする	가만히 있다

しつない (室内)	실내	しゅうがくりょこう (修学旅行)	수학여행
じっぴ (実費)	실비	しゅうかんし (週刊誌)	주간지
しっぽ (尻尾)	꼬리	しゅうしょく[する] (就職[する])	취직 [하다]
じつりょく (実力)	실력	じゅうたい (渋滞)	정체
してん (支店)	지점	じゅうだい[な] (重大[な])	중대하다
してん (視点)	시점	じゅうたく (住宅)	주택
しどう (指導)	지도	じゅうたくち (住宅地)	주택지
じどうか (自動化)	자동화	しゅうにゅう (収入)	수입
しどうする (指導する)	지도하다	じゅうみん (住民)	주민
しどうりょく (指導力)	지도력	じゅうよう[な] (重要[な])	중요하다
しばられる[じかんに] (縛られる[時間に])	얽매이다 [시간에]	しゅうり[する] (修理[する])	수리 [하다]
しはんの (市販の)	시판	しゅうりょうする (終了する)	끝나다
じびか (耳鼻科)	이비인후과	しゅくやくけい (縮約形)	축약형
しまぐに (島国)	섬나라	しゅじゅつ (手術)	수술
しまじま (島々)	섬들	しゅしょう (首相)	수상
じむ (事務)	사무	しゅちょうする (主張する)	주장하다
じむちょう (事務長)	사무장	しゅっきんする (出勤する)	출근하다
しめきり (締め切り)	마감	しゅつじょうする (出場する)	출장하다
じめん (地面)	지면	しゅっちょう (出張)	출장
～しゃ (～社)	～사	しゅっぱん (出版)	출판
しゃいん (社員)	사원	しゅるい (種類)	종류
しゃかい (社会)	사회	じゅんちょうに (順調に)	순조롭게
しゃかいじん (社会人)	사회인	じゅんゆうしょう (準優勝)	준우승
しゃかいてき (社会的)	사회적	～じょう (～上)	～상
ジャズ	재즈	しょうがくせい (小学生)	초등학생
しゃっきん (借金)	빚	じょうきゃく (乗客)	승객
しゃない (社内)	사내	じょうきょう (上京)	상경
しゃべる	말하다	じょうきょう (状況)	상황
しゅう～かい (週～回)	주 ～회	じょうけん (条件)	조건
しゅうかいじょ (集会所)	집회소	じょうし (上司)	상사

しょうしか（少子化）	저출산화	しんごう（信号）	신호
じょうしゃくかん（乗車区間）	승차 구간	しんこうがかり（進行係）	진행담당
しょうしょう（少々）	잠시	しんじつ（真実）	진실
じょうだん（冗談）	농담	しんじる（信じる）	믿다
じょうねつ（情熱）	열정	じんせい（人生）	인생
しょうひしゃ（消費者）	소비자	しんせいひん（新製品）	신제품
しょうひでんりょく（消費電力）	소비전력	しんせき（親戚）	친척
しょうひん（商品）	상품	しんせん[な]（新鮮[な]）	신선하다
じょうほう（情報）	정보	しんにゅうしゃいん（新入社員）	신입사원
しょうぼうしゃ（消防車）	소방차		
しょうめいデザイン（照明デザイン）	조명 디자인	しんねんど（新年度）	신년도
		じんぶつ（人物）	인물
しょうらいせい（将来性）	장래성	しんぶん（新聞）	신문
じょうりくする（上陸する）	상륙하다	しんぶんきしゃ（新聞記者）	신문기자
しようりょう（使用量）	사용량	しんぶんしゃ（新聞社）	신문사
ジョギング	조깅	しんぽする（進歩する）	진보하다
しょく（職）	직업	しんゆう（親友）	친구
しょくざい（食材）	식재료	しんるい（親類）	친척
しょくせいかつ（食生活）	식생활	しんろ（進路）	진로
しょくば（職場）	직장		
しょくひん（食品）	식품		
しょくぶつ（植物）	식물		
しょくよく（食欲）	식욕		
ショック	충격		
しょにち（初日）	첫날	すいか	수박
しょるい（書類）	서류	すいすぎ（吸いすぎ）	지나친 흡연
しらが（白髪）	백발	すいちゅう（水中）	물 속
しりあう（知り合う）	서로 알다	すいとる（吸い取る）	빨아들이다
じりつする（自立する）	자립하다	すうかい（数回）	여러 번
しりょう（資料）	자료	すうじ（数字）	숫자
しんけんに（真剣に）	신중히	すうじつ（数日）	며칠
		スープ	스프
		すがた（姿）	모습

す

すがたをあらわす（姿を現す）	모습을 나타내다	せいしんてきに（精神的に）	정식적으로
すぐれている（優れている）	뛰어나다	せいじんびょう（成人病）	성인병
スケジュールひょう（スケジュール表）	계획표	せいせき（成績）	성적
すごす（過ごす）	보내다	せいちょう（成長）	성장
すてきな	멋지다	せいど（制度）	제도
ストレス	스트레스	せいねん（青年）	청년
ストレスかいしょう（ストレス解消）	스트레스 해소	せいのう（性能）	성능
		せいびする（整備する）	정비하다
すなお［な］（素直［な］）	온순하다	せいひん（製品）	제품
すなば（砂場）	모래밭	せいふく（制服）	교복
スピーチ	연설	せいぶつ（生物）	생물
スピード	스피드	せいりする（整理する）	정리하다
スピードのだしすぎ（スピードの出しすぎ）	과속	せいりょく（勢力）	세력
		せかいいっしゅう（世界一周）	세계일주
スピードいはん（スピード違反）	속도위반	せきにん（責任）	책임
		せきにんしゃ（責任者）	책임자
スマート［な］	스마트하다	せきゆ（石油）	석유
スローフード	슬로우 푸드	～せだい（～世代）	～세대
		せっきょくてき［な］（積極的［な］）	적극적이다

せ

		せっする（接する）	접하다
		ぜったい（絶対）	꼭
せいえん（声援）	성원	せつび（設備）	설비
せいかく（性格）	성격	せつめいしょ（説明書）	설명서
～せいき（～世紀）	～세기	せつりつする（設立する）	설립하다
せいげん（制限）	제한	せぼね（背骨）	등뼈
せいこう［する］（成功［する］）	성공［하다］	ぜんいき（全域）	전역
せいさんかくけい（正三角形）	정삼각형	ぜんかもく（全科目）	전과목
せいさんしゃ（生産者）	생산자	せんきょ（選挙）	선거
せいしん（精神）	정신	ぜんご（前後）	전후
せいしんいがく（精神医学）	정신의학	ぜんこく～（全国～）	전국～

せんじつ（先日）	며칠 전	
せんしゅ（選手）	선수	
センス	센스	
ぜんせん（全線）	선 전부	
ぜんたい（全体）	전체	
せんち（戦地）	전쟁터	
せんでん（宣伝）	선전	
ぜんにん（善人）	착한 사람	
ぜんぽう（前方）	전방	
せんめんじょ（洗面所）	세면실	
ぜんりょくをつくす（全力を尽くす）	전력을 다하다	

そ

ぞう（象）	코끼리
そうげん（草原）	초원
そうじき（掃除機）	청소기
そうすると	그러면
そうそう	맞다
そうぞうする（想像する）	상상하다
そうたいする（早退する）	조퇴하다
そうむか（総務課）	총무과
そえる（添える）	더하다
ソース	소스
そだつ（育つ）	자라다
そのご（その後）	그 후
そのもの（そのもの）	그 자체
そふぼ（祖父母）	조부모
それぞれ	각각
そんだい（尊大）	존대

そんなに	그렇게

た

～たい～（～対～）	~대 ~
だい～（大～）	너무~
だい～（第～）	제~
たいいくかん（体育館）	체육관
だいいちに（第一に）	첫번째로
だいいちにんしゃ（第一人者）	제 1인자
ダイエットする	다이어트하다
たいおう（対応）	대응
たいかい（大会）	대회
だいがくいん（大学院）	대학원
たいき（大気）	대기
だいさんに（第三に）	세번째로
たいじゅう（体重）	체중
たいしょく（退職）	퇴직
たいど（態度）	태도
だいとし（大都市）	대도시
だいにに（第二に）	두번째로
だいにの（第二の）	제 2의
たいふう～ごう（台風～号）	태풍 ~호
たいよう（太陽）	태양
たいりつ（対立）	대립
たいりょく（体力）	체력
たがいに（互いに）	서로
たかすぎる（高すぎる）	너무 비싸다
たからくじ（宝くじ）	복권
たしかめる（確かめる）	확인하다

たすける (助ける)	도와주다		
ただ	그냥		
ただいま	지금		
たたかう (戦う)	싸우다		
たたむ	접다		
たちあがる (立ち上がる)	일어나다		
たちなおる (立ち直る)	회복되다		
たちば (立場)	입장		
たちまち	금새		
たつ	흐르다		
たつ (建つ)	세워지다		
たっする (達する)	이르다		
たった	겨우		
たとえ	설사		
たにん (他人)	남		
たべすぎ (食べすぎ)	과식		
たまごやき (卵焼き)	계란말이		
だます	속이다		
だまる (黙る)	말 안 하다		
ためしてみる (試してみる)	시험해 보다		
ためになる	유익하다		
たよる (頼る)	의지하다		
だんけつする (団結する)	단결하다		
たんさんガス (炭酸ガス)	탄산가스		
たんじかん (短時間)	단시간		
たんじゅん[な] (単純[な])	단순하다		
だんたい (団体)	단체		
たんぺん (短編)	단편		

ち

チーム	팀
ちがい (違い)	차이
ちかづく (近づく)	다가오다
ちきゅう (地球)	지구
ちきゅうおんだんか (地球温暖化)	지구온난화
チケット	티켓
ちこくする (遅刻する)	지각하다
ちじ (知事)	지사
ちしき (知識)	지식
ちちおや (父親)	아버지
ちほう (地方)	지방
ちゃんと	똑바로
ちゅういぶかく (注意深く)	주의깊이
ちゅうおう (中央)	중앙
ちゅうしゃきんし (駐車禁止)	주차금지
ちゅうしゃじょう (駐車場)	주차장
ちゅうしゃりょう (駐車料)	주차료
ちゅうしん (中心)	중심
ちょうさ (調査)	조사
ちょうし (調子)	상태
ちょうしょ (長所)	장점
ちょうじょう (頂上)	정상
ちょきん (貯金)	저금
ちょっとした	약간의
ちらかす (散らかす)	어지르다
ちりょう (治療)	치료
ちりょうひ (治療費)	치료비
ちんぎん (賃金)	임금

ついていく	따라가다
つうきんする（通勤する）	통근하다
つうこうどめ（通行止め）	통행금지
つうほう（通報）	통보
つうやく（通訳）	통역
つかまる	잡히다
つきあう	사귀다
つぎつぎに（次々に）	차례로
つたわる（伝わる）	전해지다
～つづき（～続き）	～연속
つなみ（津波）	쓰나미
つねに（常に）	늘
つぶ（粒）	입자
つぶる	감다
つまり	결국
つゆ（梅雨）	장마
つらい	괴롭다

であう（出会う）	만나다
ていかする（低下する）	저하되다
ていど（程度）	정도
ていねん（定年）	정년
データ	데이터
テーマ	테마
てき（敵）	적
できあがる	다 되다
できごと（出来事）	생긴 일
でこぼこ	굴곡
デザイン	디자인
デジカメ	디지털 카메라
てつづき（手続き）	수속
てつやする（徹夜する）	철야하다
デビュー	데뷔
てほん（手本）	표본
テレビタレント	탤런트
でんきせいひん（電気製品）	전기제품
てんきん（転勤）	전근
てんこう（天候）	날씨
てんこうにめぐまれる（天候に恵まれる）	날씨가 도와주다
てんじかい（展示会）	전시회
てんすう（点数）	점수
てんちょう（店長）	점장

と

といあわせ（問い合わせ）	문의
どういう	어떤
どういうわけか	왠일인지
どうさ（動作）	몸짓
とうじ（当時）	당시
とうじつ（当日）	당일
どうしても	아무래도
とうしょぶん（投書文）	투서문
とうしょ（投書）	투서
とうしょらん（投書欄）	투서란
どうそうかい（同窓会）	동창회

とうちゃくする (到着する)	도착하다	
とうてん (当店)	저희 가게	
どうてん (同点)	동점	
とうひょうび (投票日)	투표일	
とうひょうりつ (投票率)	투표율	
どうろ (道路)	도로	
どうわ (童話)	동화	
ドーム	돔	
とくい [な] (得意 [な])	뛰어나다	
とくしゅうばんぐみ (特集番組)	특집 프로그램	
とくちょう (特長)	특징	
とく [な] (得 [な])	득이다	
どくりつする (独立する)	독립하다	
とける (溶ける)	녹다	
どこか	어딘가	
とし (都市)	도시	
としうえ (年上)	연상	
としか (都市化)	도시화	
としせいかつ (都市生活)	도시생활	
としより (年寄り)	노인	
どだい (土台)	토대	
ドッグラン	애견 운동장	
とつぜん (突然)	갑자기	
とつぜんの (突然の)	갑작스런	
とどく (届く)	도착하다	
とどける (届ける)	전해주다	
とにかく	어쨌든	
とびこむ (飛び込む)	뛰어들다	
とびだす (飛び出す)	튀어나오다	
とびたつ (飛びたつ)	날아오르다	

とびつく (飛びつく)	달려들다
トマト	토마토
ともに	함께
ドラマ	드라마
とりあげる (取り上げる)	채택하다
とりもどす (取り戻す)	되찾다
どりょく [する] (努力 [する])	노력 [하다]
とる (採る)	수확하다
トレーニング	훈련
とれる (取れる)	가시다
どろ (泥)	진흙
どんなに	아무리

な

ないがい (内外)	안팎
ないよう (内容)	내용
なおす (治す)	치료하다
ながいきする (長生きする)	장수하다
なかがいい (仲がいい)	사이가 좋다
ながばなし (長話)	긴 통화
なかよくする (仲良くする)	친하게 지내다
なかよし (仲良し)	사이좋다
ながれる (流れる)	이어지다
なきごえ (泣き声)	우는 소리
なくす (失くす)	잃어버리다
なげだす (投げ出す)	내팽개치다
なつかしい (懐かしい)	그립다
なつかしくおもう (懐かしく思う)	그리워하다

なっとう (納豆)	낫또
なにより (何より)	무엇보다
なま (生)	생
なまみず (生水)	생수
なんでも (何でも)	뭐든지
なんと	참
なんといっても	뭐니뭐니해도
なんとか [して] (何とか [して])	어떻게 [해서든]
なんどか (何度か)	몇 번인가
なんとなく	왠지
なんにんも (何人も)	몇 명이나

に

にがて [な] (苦手 [な])	잘 못하다
にこむ (煮込む)	끓이다
～にちかん (～日間)	～일간
にっちゅう (日中)	한나절
にとうかん (2党間)	두 당간
にどと～ない (二度と～ない)	다시는 ～않다
にほんいち (日本一)	일본 최고
にゅうかい (入会)	가입
にゅうかいきん (入会金)	가입금
にゅうかいする (入会する)	가입하다
にゅうしゃしけん (入社試験)	입사 시험
にゅうじょうする (入場する)	입장하다
にゅうばい (入梅)	장마철에 들어감
にる (煮る)	익히다
にわとり	닭
にんきがある (人気がある)	인기가 있다

にんげん (人間)	인간
にんげんしゃかい (人間社会)	인간사회

ぬ

ぬの (布)	천

ね

ねあがり [する] (値上がり [する])	가격인상 [하다]
ねがい (願い)	바람
ねぶそく (寝不足)	수면부족
ねんかん (年間)	연간
ねんきんせいかつしゃ (年金生活者)	연금생활자
～ねんだい (年代)	～년대
ねんまつ (年末)	연말
ねんれい (年齢)	연령

の

のう (脳)	뇌
のうやく (農薬)	농약
のうりょく (能力)	능력
のこす (残す)	남기다
のちに (後に)	후에
のびのび	자유롭게
のびる (伸びる)	늘다
のべる (述べる)	말하다

のみすぎ（飲みすぎ）	과음	はなしかける（話しかける）	말 걸다
のりおくれる（乗り遅れる）	놓치다	はなづくり（花作り）	꽃 재배
のる（載る）	나다	はなび（花火）	불꽃놀이
のんびり	한가로이	はなれる（離れる）	떠나다
		ははおや（母親）	어머니
		はぶらし（歯ブラシ）	칫솔
		はやめ（早め）	일찍

は

パートタイマー	아르바이트생	ばら	장미
ハーフタイム	하프타임	ばらえん（ばら園）	장미원
ハイキング	하이킹	はらをたてる（腹を立てる）	화내다
バイク	오토바이	バランス	균형
バイト	아르바이트	パワー	힘
はいゆう（俳優）	배우	はんい（範囲）	범위
ばかなこと	바보 같은 짓	ハンガー	옷걸이
はきだす（吐き出す）	내뱉다	はんこうしん（反抗心）	반항심
はく（吐く）	토하다	はんこをおす（はんこを押す）	도장을 찍다
はくせん（白線）	흰 선	ハンサム［な］	잘생기다
はくぶつかん（博物館）	박물관	はんせいする（反省する）	반성하다
はげしい（激しい）	심하다	～ばんせん（～番線）	～번선
はずれる	빗나가다	はんたいうんどう（反対運動）	반대 운동
はだ（肌）	피부	はんとしご（半年後）	반년 후
はたけ（畑）	밭	はんにん（犯人）	범인
はたらき（働き）	근무		
バッグ	가방		
はってん（発展）	발전		
パッと	확		

ひ

はっぴょう（発表する）	발표하다	ひあたりがわるい（日当たりが悪い）	볕이 잘 안 들다
はでな（派手な）	화려하다	ひがい（被害）	피해
はなしあい（話し合い）	대담	ひがいをあたえる（被害を与える）	피해를 입히다
はなしあう（話し合う）	서로 이야기하다	びじゅつ（美術）	미술

びじゅつひん（美術品）	미술품		
ひじょうぐち（非常口）	비상구		
ひっこし［する］（引っ越し［する］）	이사하다		

ふ

びじゅつひん（美術品）	미술품	ファーストフード	패스트푸드
ひじょうぐち（非常口）	비상구	ファックス	팩스
ひっこし［する］（引っ越し［する］）	이사하다	ファッションセンス	패션감각
ビデオ	비디오	ファン	팬
ひとくち（一口）	한 모금	ふあんかん（不安感）	불안감
ひとこと（一言）	한 마디	ふうけい（風景）	풍경
ひとしい（等しい）	같다	ふうふ（夫婦）	부부
ひとばん（一晩）	하룻밤	ふかまる（深まる）	깊어지다
ひとびと（人々）	사람들	ふきゅう（普及）	보급
ひとめ（人目）	사람들 시선	ふくそう（服装）	복장
ひとやすみする（一休みする）	잠시 쉬다	ふくむ（含む）	포함하다
ひとりひとり（一人一人）	한 사람 한 사람	ふくろ（袋）	봉투
ひにち（日にち）	날짜	ふけいき（不景気）	불경기
ひみつ（秘密）	비밀	ふごうかく（不合格）	불합격
ひょう（表）	표	ふごうかくになる（不合格になる）	불합격하다
〜ひょう（〜票）	〜표	ふしぎ［な］	묘하다
ひょうが（氷河）	빙하	ぶしつ（部室）	부실
びょうどうに（平等に）	평등하게	ふせい（不正）	부정
びょうめい（病名）	병명	〜ぶそく（〜不足）	〜부족
ひょうめん（表面）	표면	ふた	뚜껑
ひらしゃいん（平社員）	평사원	ぶたい（舞台）	무대
ひるね（昼寝）	낮잠	ふたん（負担）	부담
ひろば（広場）	광장	ふちゅうい（不注意）	부주의
ひをとおす（火を通す）	가열하다	ふちゅうい［な］（不注意［な］）	부주의하다
びんかん［な］（敏感［な］）	민감하다	ぶちょう（部長）	부장
ピンク	분홍색	ふどうさんや（不動産屋）	부동산 중개소
ひんこん（貧困）	빈곤	ぶぶん（部分）	부분
ひんしつ（品質）	품질	ふみはずす（踏みはずす）	헛디디다
ヒント	힌트		
ひんぷのさ（貧富の差）	빈부격차		

ふやす（増やす）	늘이다	
ふらふらする	어질어질하다	
ぶらりと	훌쩍	
～ぶり	～만	
フリー	프리랜서	
ふりこむ（振り込む）	입금하다	
ふりむく（振り向く）	돌아보다	
ふる（振る）	치다	
ふるさと	고향	
ふるほんや（古本屋）	헌책방	
ブレーキ	브레이크	
プロ[きゅう]（プロ[級]）	프로[급]	
プログラム	프로그램	
ふろしき	보자기	
ぶん（分）	몫	
ぶん（文）	문장	
ぶんがくしゃ（文学者）	문학자	
ぶんかざい（文化財）	문화재	
ぶんかしせつ（文化施設）	문화시설	
ぶんけい（文型）	문형	

へ

へいかんになる（閉館になる）	영업시간이 끝나다
へいき[な]（平気[な]）	아무렇지 않다
へいきんじゅみょう（平均寿命）	평균수명
へいわ（平和）	평화
べつじん（別人）	딴 사람
ペット	애완동물
へらす（減らす）	감량하다
へる（減る）	줄다
～へん（～辺）	～변
へんか（変化）	변화
べんごし（弁護士）	변호사

ほ

ほうこう（方向）	방향
ほうこく（報告）	보고
ほうこくしょ（報告書）	보고서
ぼうさん（坊さん）	스님
ほうしん（方針）	방침
ほうどう（報道）	보도
ほうほう（方法）	방법
ほうめん（方面）	방면
ホーム	홈
ホームラン	홈런
ホール	홀
ぼこう（母校）	모교
ほこり	먼지
ほしょうにん（保証人）	보증인
ほそながい（細長い）	가늘고 길다
ほにゅうどうぶつ（哺乳動物）	포유동물
ほのお（炎）	불길
ほら	이 봐
ボランティアかつどう（ボランティア活動）	봉사활동
ぼんおどり（盆踊り）	봉 오도리
ほんじつ（本日）	오늘
ほんにん（本人）	본인

ま

- マージャン　　마작
- まいかい（毎回）　　매번
- まえもって（前もって）　　먼저
- まかせる（任せる）　　맡기다
- まくをあける（幕を開ける）　　개막하다
- ます（増す）　　늘다
- マスコミ　　매스컴
- まだまだ　　아직
- 〜まつ（〜末）　　〜말
- まっかになる（真っ赤になる）　　새빨개지다
- まったく〜ない（全く〜ない）　　전혀 〜않다
- まったくもう（全くもう）　　하여튼
- まとまった　　정리된
- まとめる　　정리하다
- まなつ（真夏）　　한여름
- マニュアル　　매뉴얼
- まね　　흉내
- まもる［かんきょう・こじんじょうほうを］（守る［環境・個人情報を］）　　보호하다［환경・개인정보를］
- まもる［じかんを］（守る［時間を］）　　지키다［시간을］
- まもる［みせ・やまごやを］（守る［店・山小屋を］）　　지키다［가게를, 산막을］
- まもる［やくそくを］（守る［約束を］）　　지키다［약속을］
- まよう［みちに］（迷う［道に］）　　헤매다［길을］
- まよう［くるまをかうか］（迷う［車を買うか］）　　망설이다［차를 살까］
- マラソン　　마라톤
- まるで　　마치
- マンション　　맨션
- まんぞくする（満足する）　　만족하다

み

- ミーティング　　미팅
- みおくる（見送る）　　배웅하다
- みかけ（見かけ）　　외관
- みぎて（右手）　　오른쪽
- ミス　　실수
- ミステリー　　미스터리
- みせさき（店先）　　가게 앞
- みとめる（認める）　　인정하다
- みなとまち（港町）　　항구도시
- ミニスカート　　미니스커트
- みにつく（身につく）　　익히다
- みょうごにち（明後日）　　모레
- みらい（未来）　　미래
- みんしゅしゅぎせいしん（民主主義精神）　　민주주의 정신

み

- むかしばなし（昔話）　　옛날 이야기
- むく（向く）　　바라보다
- むくち［な］（無口［な］）　　말수가 적다
- むしする（無視する）　　무시하다
- むしば（虫歯）　　충치
- むだ［な］（無駄［な］）　　쓸모없다
- むちゅう（夢中）　　몰두

むめい (無名)	무명
むらさき (紫)	보라색
むりょう (無料)	무료

め

～めいさま (～名様)	～분
めいじじだい (明治時代)	메이지시대
めいわくがかかる (迷惑がかかる)	폐를 끼치다
めいわくをかける (迷惑をかける)	폐를 끼치다
めざす (目指す)	목표로 하다
めだつ (目立つ)	눈에 띄다
メダル	메달
メモ	메모
めをむける (目を向ける)	관심을 가지다
めんかい (面会)	면회
めんきょ (免許)	면허
めんせつ (面接)	면접
めんどうな	귀찮다
メンバー	멤버

も

もうしこみ (申し込み)	신청
もうしこみしょ (申込書)	신청서
もうしでる (申し出る)	신고하다
もうしわけありません (申し訳ありません)	죄송합니다
もえる (燃える)	불타다
もくてき (目的)	목적
もくてきち (目的地)	목적지
もったいない	아깝다
モデル	모델
もと (元)	원래
もとめる (求める)	요구하다
もともと	원래
ものがたり (物語)	이야기

や

やがい (野外)	야외
やぎ	염소
やきゅうじょう (野球場)	야구장
やくいん (役員)	임원
やくしょ (役所)	관공서
やくしょくめい (役職名)	직함
やくだつ (役立つ)	도움되다
やせい (野生)	야생
やちん (家賃)	집세
やつ	놈
やまぐに (山国)	산이 많은 나라
やまごや (山小屋)	산막
やまやま (山々)	산들
やめる (辞める)	그만두다
やりなおす (やり直す)	고치다
やるき (やる気)	할 마음

- ゆうしょう（優勝） 우승
- ゆうじょう（友情） 우정
- ゆうしょうする（優勝する） 우승하다
- ゆうじん（友人） 친구
- ゆうのう［な］（有能［な］） 유능하다
- ゆうひ（夕日） 석양
- ゆうびん（郵便） 우편
- ゆうびんやさん（郵便屋さん） 우체부
- ゆうめいじん（有名人） 유명인
- ゆたか［な］（豊か［な］） 풍요롭다
- ゆり 백합
- ゆるす（許す） 용서하다

- ようけん（用件） 용건
- ようし（用紙） 용지
- ようす（様子） 모습
- ようちえん（幼稚園） 유치원
- ようぼう（要望） 요망
- よがあける（夜が明ける） 날이 밝다
- よくなる 좋아지다
- よくよく 어지간히
- よごす（汚す） 더럽히다
- よこになる（横になる） 눕다
- よさん（予算） 예산
- よっぱらう（酔っ払う） 취하다
- よなか（夜中） 밤중
- よのなか（世の中） 세상
- よぼう（予防） 예방

- ラーメン 라면
- らいてんする（来店する） 가게에 오다
- らいにち（来日） 일본 방문
- らく［な］（楽［な］） 편하다

り

- リーダー 리더
- りかいする（理解する） 이해하다
- りかいをえる（理解を得る） 이해를 얻다
- りかけい（理科系） 이과계
- りこんする（離婚する） 이혼하다
- リサイクル 재활용
- りっこうほする（立候補する） 입후보하다
- りっぱな（立派な） 훌륭하다
- リトマスしけんし（リトマス試験紙） 리트머스 시험지
- リフォームする 리폼하다
- リボン 리본
- りゅうがく［する］（留学［する］） 유학［하다］
- りゅうこう［する］（流行［する］） 유행［하다］
- りょう（寮） 기숙사
- りょう（量） 양
- りょうりてん（料理店） 요리점

- りょひ (旅費)　　　　　여행 비용
- わらい (笑い)　　　　　웃음
- わりびきけん (割引券)　할인권
- わるぐちをいう (悪口を言う)　욕하다

- ルール　　　　　　　　규칙

- れいぎ (礼儀)　　　　예의
- れきしてき [な] (歴史的 [な])　역사적이다
- れんきゅう (連休)　　연휴

- ろうご (老後)　　　　노후
- ろうどう (労働)　　　노동
- ろくおんする (録音する)　녹음하다
- ロッカー　　　　　　　사물함
- ろんせつぶん (論説文)　논설문

- ワイン　　　　　　　　와인
- わがまま [な]　　　　제멋대로다
- わける (分ける)　　　나누다
- わざわざ　　　　　　　일부러
- わしゃ (話者)　　　　말하는 사람
- わずか　　　　　　　　약간
- わたりどり (渡り鳥)　철새

중급 일본어문법
Point 20
요점정리

Since 1977

시사 Dream,
Education can make dreams come true.